U0523787

■ 厦门口述历史丛书编辑委员会

学术顾问： 李启宇　何丙仲　彭一万　龚　洁　洪卜仁

主　　任： 蒋先立　唐　宁

副 主 任： 吴松青　陈旭辉

委　　员： 蔡文智　戴力芳　张　晖　章长城　李　珊
　　　　　　林晓玲　潘　峰　肖来付　林　璐　林　彦
　　　　　　杨　艳　白　桦　陈亚元　龚书鑫　孙　庆
　　　　　　郑轰轰　叶亚莹　戴美玲

主　　编： 陈仲义

副 主 编： 王　琰

厦门口述历史丛书 6
厦门城市职业学院 编

主编 陈仲义

孙庆 口述
郑轰轰 整理

厦门通背拳宗师——孙振寰

厦门大学出版社
国家一级出版社
全国百佳图书出版单位

图书在版编目(CIP)数据

厦门通背拳宗师:孙振寰/孙庆口述;郑轰轰整理.—厦门:厦门大学出版社,2020.12
(厦门口述历史丛书;6)
ISBN 978-7-5615-8031-8

Ⅰ.①厦… Ⅱ.①孙… ②郑… Ⅲ.①孙振寰—生平事迹 Ⅳ.①K825.47

中国版本图书馆 CIP 数据核字(2020)第 252366 号

出 版 人	郑文礼
责任编辑	韩轲轲
封面设计	张雨秋
技术编辑	朱 楷

出版发行	厦门大学出版社
社 址	厦门市软件园二期望海路 39 号
邮政编码	361008
总 机	0592-2181111 0592-2181406(传真)
营销中心	0592-2184458 0592-2181365
网 址	http://www.xmupress.com
邮 箱	xmup@xmupress.com
印 刷	厦门兴立通印刷设计有限公司

开本	889 mm×1 194 mm 1/32
印张	8
插页	3
字数	194 千字
版次	2020 年 12 月第 1 版
印次	2020 年 12 月第 1 次印刷
定价	58.00 元

本书如有印装质量问题请直接寄承印厂调换

孙振寰(1898—1972)

孙振寰(右)与弟子演练三节棍进枪

孙振寰演练春秋大刀

2019年"孙振环"杯太极拳公开赛

总序一

因城而生　跨界融合

唐　宁

历史如浩瀚烟海,古今兴替,尽揽其间。鹭岛厦门在千年史籍里沧桑起伏,远古时为白鹭栖所,先秦时属百越之地,而后区划辗转由同安县至南安县至泉州府,又至嘉禾里、中左所、思明州,道光年间正式开埠,光绪年间鼓浪屿成"万国租界"。1949年9月,厦门始为福建省辖市,逢今正与新中国同庆七十华诞。

七十年风云巨变,四十载改革开放,厦门始终走在发展的前列。厦门的经济建设者和文化传承者在这片热土上播洒了无数血汗,书写了特区建设可歌可泣的恢宏篇章,他们的事迹镌刻在厦门历史的丰碑之上。在有册可循的文字记载之外,尚有不少重要的人与事如沧海遗珠,未及缀补。

借此,厦门城市职业学院秉持"因城而生,为市则活"的办学信念,不仅通过专业建设主动对接厦门现代产业体系的需求,为厦门经济建设输送大量高素质技术技能人才,同时也通过多样性文化研究平台的建设,主动担当传承厦门优秀文化的使命。其中,由本校陈仲义教授领衔,汇聚校内英才、兼纳厦门名士,成立的"厦门口述历史研究中心"，多年来致力于借助口述历史的形式，采集、整理那些即将消失的厦门城市记忆和历史"声音"，成就了一批如"厦门口述历史丛书"这样的重要成果。

卡尔·雅斯贝斯(Karl Jaspers)说："对人们而言历史是回忆，因为人们曾从那里生活过来，对那些历史的回忆便构成了人们自身的基本成分""人生而有涯，只能通过时代的变迁才能领悟到永恒，因此只有研究历史才是达到永恒的唯一途径"。从这个意义看，口述历史正是文字历史的多元融合形式，二者融合可以实现对文字历史的"补缺、参错、续无"之功。

厦门城市职业学院跨界组建口述历史研究团队，在对厦门城市历史的修撰补充中，通过跨界与融合，使厦门经济建设与文化传承的脉络更加清晰，使人们对过去时代的领悟更加深刻，从而使未来的发展更加稳健。陈寅恪先生说："在历史中求史识。"而历史的叙写过程何尝不亦为史识的求证过程？历史告诉我们，发展才是硬道理；历史的叙写过程告诉我们，跨界、融合，才是通向卓越发展的道路。这正契合了厦门城市职业学院的办学理念：育人为本，跨界融合，服务需求，追求卓越！

陈仲义同志是与厦门城市职业学院一起成长的专家、教授，长期以来笔耕不辍，著作等身，受人景仰，在中国诗歌评论领域建树丰硕。祝愿他带领的新的团队，为厦门地方文化建设，踔厉奋发，再续前页。

2019 年 8 月

总序二

盾构在隧道里缓缓推进

陈仲义

2015年暑期,奉命筹建口述历史研究中心,定位于承传厦门本土文化遗产,"口述"珍贵的人文历史记忆,涉及厦门名门望族、特区建设人才、侨界精英、闽南非物质文化遗产,以及原住民、老知青、老街区等题材的采集、整理、研究工作。

以为组织一干人马,并非什么难事。物色人选,各就各位;遴选题材、规范体例、包干到户,如此等等,便可点火升帆。然而,一进轨道,方知险情叵测。这些年来,"双建"(建设国家级示范性院校、省级文明院校)目标之重如大山压顶,团队成员几近分身无术、疲于奔命。先后有三位骨干因教学、家庭问题退出,一时风雨飘摇。面对变故,我们也只好以微笑、宽容、"理解之同情",调整策略,放缓速度,增补兵源。

开工之后,"事故"依然不断:明明笃定选中的题材,因事主"反悔",说服无效而眼睁睁地看着泡汤;顺风顺水进行一半,因家族隐私、成员分歧,差点夭折;时不时碰上绕不过去的"空白"节点,非填补不可,但采撷多日,颗粒无收,只好眼巴巴地在那儿搁浅,"坐以待毙";碰上重复而重要的素材不想放弃,只能在角度、语料、照片上做大幅度调整、删减,枉费不少功夫;原本以为是个富矿,开采下去,却愈见贫瘠,最后不得不在尴尬中选择终止……诸如此类的困扰大大拖了后腿。好在团队成员初心不变,辑志协力,按既定目标,深一脚浅一脚缓缓而行。

团队从原来7人发展到10多人。校内10人来自中文、社会、旅游、轨道交通、图书馆、办公室等6个专业与部门。除本人外,皆清一色70、80后,正值"当打之年"。校外7人,分属7个单位,基本上属古稀花甲。如此"忘年交"配对,没有出现"代沟",反倒成全了本团队的一个特色。

团队阵容尚属"可观":正高2位、副高8位、讲师2位。其中硕士4位、博士3位。梯队结构合理,科研氛围融洽。特别是校外成员,面对经费有限,仍不计报酬,甘于奉献。

在学院领导的关怀和大力支持下,丛书终于初见规模。作为中心责任人,在选题挖掘、人员组织、关系协调、难题处理方面,虽倾心尽力,但才疏智浅,不尽人意。如果丛书能够产生一点影响,那是团队成员群策群力的结果;如果出现明显的纰漏不足,实在是个人短板所致!

阅读丛书,恍若穿梭于担水街、九姑娘巷、八卦坪,在烟熏火燎的骑楼,喝一碗"古早茶",再带上两个韭菜盒回家;从阁楼的樟脑箱翻晒褪色的对襟马褂,猛然间抖出残缺一角的"侨批",勾连起南洋群岛的蕉风椰雨;提线木偶、漆线雕,连同深巷里飘出来的南音,乃至一句"天乌乌,袂落雨"的童谣,亦能从根子上触摸揉皱的心扉,抚平生活的艰辛;那些絮絮叨叨、缺牙漏嘴的个人"活捞事",如同夜航中的小舢板,歪歪斜斜沿九龙江划到入海口。我们捡拾陈皮芝麻,将碎片化的拼缀、缝补,还原为某些令人歔欷的真相,感受人性的光辉与弱点;也在接踵而来的跨海大桥、海底隧道、空中走廊的立体推进中,深切认领历史拐点、岁月沧桑、人心剧变如何在时代的潮涌中锻造个人的脊梁。

历史叙述,特别是宏大的历史叙述,随着主要亲历者、见证者离去,"隔代遗传"所带来的"衰减"日渐明显。而今当下,历史开始从主流、中心、精英叙事转向边际、凡俗。新地带的开垦,将迎来千千万万普通民众汇入的"小叙事"。日常、细节、互动,所集结的丰富性将填补主流人类学、历史学、社会学、地方志的"库藏",因应出现"人人来做口述史"(唐纳德·里奇)的提倡,绝非空穴来风,而具深远意义。

口述形式,有别于严丝合缝的文献史料,也有别于步步推进的考辩理据;亲切、在场、口语化、可读性,可能更易迎合受众的"普及",这也是它得以存在且方兴未艾的长处,怎样进一步维护其属性、增添其特性光彩呢?口述历史不到百年寿龄,其理论与实践存在诸多争论与分歧。作为基层团队,多数成员也非训练有素的史学出身,但凭着热情、毅力,凭着对原乡本土一份挚爱,"摸着石头过河",应该可以很快上岸。

表面上看,口述历史难度系数不大,大抵是一头讲述,一头记录。殊不知平静的湖面下藏有深渊。它其实是记忆与遗忘、精准与模糊、本然与"矫饰"、真相与"虚构"、本能与防御、认同与质疑,在"史实"与"变形"间的悄然较量,其间夹杂多少明察与暗访、反思与矫正。不入其里,焉知冷暖?

"口述性"改变了纯文献资料的唯一途径,但没有改变的依然是真实——口述史的生命。初出茅庐,许多规范尚在摸索阶段,但总体而言,第一步基本上应做到"如实照录",亦即《汉书》所褒赞司马迁的"其文直,其事核,不虚美,不隐恶"的实录精神,而要彻底做到这一点很不容易。不仅要做到,接下来还要互证(比较、分析),规避口述者易犯的啰唆重复、拖泥带水、到哪算哪的游击作风;而整理者的深入甄别、注释说明、旁证辅助、文献化解、在场还原、方言转换,尤其是带领学生社会实践的参与度,仍有很大的提升空间。

厦门历史文化,比起华夏九州、中原大地,确乎存在不够悠久丰厚之嫌,但与之相伴的闽南文化、华侨文化、嘉庚精神,连同入选国家级非遗名录的歌仔戏、高甲戏、南音、答嘴鼓、讲古等,各有厚植,不容小视。中心刚刚起步,经验不足,稚嫩脆弱,许多资源有待开发,许多题材有待拓展,许多人脉有待联络,许多精英有待挖掘。如果再不努力"抢救",就有愧于时代与后人了。

其实,厦门出版的地方历史文化书籍还是蛮多的,大到盛世书院,小至民居红砖,成套的、散装的、触目可取。但面对拥挤而易重复的题材,何以在现有基础上,深入腹地,称量而出;面对长年养成的惯性思路,何以在口述语体的风味里,力戒浅率而具沉淀之重?

编委会明白自身的长短,与其全面铺开战线,毋宁做重点突进,遂逐渐把力量集中在四个面向:百年鼓浪屿、半世纪特区、国家级非遗名录、老三届群体。希望在这些方面多加钻探,有所斩获。

无须钦慕鸿门高院,关键是找好自身的属地。开发历史小叙事、强化感性细部、力戒一般化访谈、提升简单化语料,咀嚼謦欬间的每一笔每一划。罗盘一经锁定,就义无反顾走到底,积跬步而不惮千里之远,滴水穿石,木锯绳断,一切贵在坚持。愿与各位同道一起,继续铢积寸累,困知勉行。

最近刚刚入住东渡狐尾山下,正值二号地铁线施工。40米深的海底隧道,隐隐传来盾构声,盾构以平均每小时一米的速度推进着,与地面轰鸣的搅拌机相唱和。俯瞰窗外白炽的工地和半掩的入口处,常常想,什么时候,它还会碰上礁岩、滑沙、塌陷和倏然涌冒出来的地下水?失眠的夜晚,心里总是默数着:一米、一米、再一米……

2019 年 4 月

目录

第一章　百炼成钢　　　　　　　　　/ 1

第二章　镖行天下　　　　　　　　　/ 32

第三章　钢刀荡寇　　　　　　　　　/ 59

第四章　厦门风云　　　　　　　　　/ 93

第五章　一代宗师　　　　　　　　　/ 127

第六章　桃李成蹊　　　　　　　　　/ 185

附　录　孙振寰先生年谱　　　　　　/ 240

后　记　熟悉的陌生人　　　　　　　/ 242

口 述 人：孙　庆　李家才　何丙仲　苏鹭建　郑高能
　　　　　陈超文　乔石磷　柯国丰　吴珊珊　林瑞荣
采访整理人：郑轰轰
采 访 时 间：2017年11月—2018年6月
　　　　　　2018年12月—2019年6月
采 访 地 点：泉州路74号、孙庆家、鼓浪屿中南银行旧址、
　　　　　　何丙仲家、吴珊珊家、郑高能家、海天堂构

第一章

百炼成钢

孙庆

　　我生在厦门，长在厦门，喝着九龙江的水，说着地道的闽南话，是个"正港"（闽南话正宗的意思）的厦门人。然而我的祖籍却在河北的沧州。1934年，我的父亲孙振寰受聘于厦门中南银行，独自一人来到厦门打拼，获得了"一代宗师"的名号。今天（2018年），在他120周年诞辰的时候，我和我的师兄弟们将一起讲述他的故事。向大家展现一个拳师如何从小练就铁臂铜拳，在风云变幻的大时代里，挣扎生存、行侠仗义、为国尽忠；到了厦门这个陌生的城市后,又如何落地生根、开枝散叶,在武林中闯出属于自己的天地,并以宽厚的武德感染了认识他的每一个人。

这不仅是一个拳师的故事,这还是那个动荡的时代里,千百万个普通人奋斗的历史。通过我们的讲述,除了让大家知道我父亲的生平往事,同时也能了解一些逝去的武林的风采,以及当时特有的时代背景。

当然,由于我父亲已经去世将近 50 年,作为他的后辈,我们也大都是七十多岁的老人。有些事迹难免漫灭模糊、难以考证,或者我们师兄弟的记忆有了偏差,记述可能不是那么准确。读者倘能明辨,并予指瑕,我们非常欢迎。

出生在武术之乡沧州

这是一个漫长的故事,故事的开头,要从沧州这个武术之乡说起。

我父亲出生在河北省沧州市盐山县的孙八里村,那是 1898 年的事了。那一年,朝廷的戊戌变法轰轰烈烈地开始,又惨惨烈烈地结束。又过了两年,义和团运动、八国联军侵华,动乱纷至沓来,昏庸腐朽的清政府已无力掌控大局,社会呈现乱世局面。盛世读书出仕,乱世习武防身,这个道理在中国流传了几千年,在武术之乡的沧州就更不用说了。

根据史料记载,沧州古城始建于北魏熙平二年(公元 517 年),当时统治这里的北魏政权割了相邻的瀛、冀两个州各一块土地建立了沧州,顾名思义是取沧海之意。沧州东临渤海,北接京津,中间纵贯京杭大运河,是南来北往的交通要道,更是兵家必争之地。战事频仍,盗匪猖獗,生民涂炭,逼迫老百姓掌握一些格斗技巧来防身自救。因此,沧州古来就有"远恶郡州"的别称,明时更号称

"小梁山"。据统计，明清时期沧州地区的武举人、武进士多达1900多人。所以《沧县志》里说："吾沧技击之风，宿著于大河之北，白山黑水之间。"

到了清朝末年，沧州成为南北商品流通必经之地，各大城市富商争相在沧州延聘镖师，保护商旅。沧州镖行林立，互相竞争也互相促进，进一步推动了沧州武术的发展。当时的民谚说："山东出响马，河北出镖师"，就是对这一现实的反映。又说"镖不喊沧州"，意思是外地镖行护镖经过沧州，不能喊自己镖局的名号，否则会被视为对当地武林的大不敬，足见沧州武风之盛。

沧州武林名师众多，分布甚广，他们的事迹在民间广泛流传。如支持谭嗣同变法的"大刀王五"王正谊（沧州当地人说谭嗣同就义前写下"我自横刀向天笑，去留肝胆两昆仑"的绝笔诗，诗中两昆仑之一就是大刀王五）；宣统皇帝的大内侍卫八极拳师霍殿阁；创"破锋八刀"对抗日寇刺刀的马英图、马凤图兄弟；屡胜外国大力士于擂台之上的"神力千斤王"王子平。还有"铁壮士"丁发祥、"神枪"李书文、"双刀"李凤岗、"大枪"刘德宽、"跤王"佟忠义、"燕子"郭长生等等，数不胜数。此外，霍元甲的祖籍地也在沧州东光县。这些人在近代武林都是响当当的人物，可以说，近代沧州的武术史相当于半部的近代中国武术史。

我的老家孙八里村位于沧州市盐山县庆云镇西北。据族谱记载，我们孙家的祖先乃是著名的兵法家孙武，大明永乐二年（1404年），我们孙氏这一支奉诏由山东登州府栖霞县迁到此地设立村落，因距离庆云镇约有八里远，再冠以姓氏，所以取名叫孙八里村。1898年8月我父亲出身于农民家庭，有兄弟三人。他刚满五岁，母亲就因病去世，父亲孙安策领着他们辛苦度日。需要指出的是，由于时代较久导致的简繁体转换因素，我父亲的名字在有些资料中也写作孙振环、孙震寰等。

我们宗族有不少人习武。父亲的伯公,是沧州小有名气的拳师,父亲从小就跟着他练习武术。父亲从小身材就比较高大,臂力过人,练起武来又非常刻苦,很快就在村里同龄人中找不到对手。有一次,在茶余饭后的比试中,他再次战胜了同村的小伙伴,那小子不服,嚷着说要去外面学艺,再回来收拾我父亲。说者无心、听者有意,父亲本来就有进一步提高自己的愿望,此时也动了到外面习武的心思。那一年,他12岁。

通背拳与劈挂拳的历史渊源

我爷爷和伯公听说他要出去外面拜师习武,也表示赞成。过了几天,伯公乘着农闲,去了趟隔壁的大左村找好友打听情况。原来,中国传统武术中起源于沧州的有50多种,比如通背、劈挂、八极、八卦、谭腿等都是在全国广为流传的武术种类,而大左村正是通背劈挂拳的发源地。

在这里,不妨先了解一下通背劈挂拳的历史。

通背劈挂拳是通背拳的一个重要分支,是融入了劈挂拳法的通背拳法。通背拳流传上千年,有几十个分支,因此名称并不统一,也有叫"通臂拳"的,两者其实是同一个拳种。需要指出的是,本书为了如实反映历史,介绍时以"通背拳"为主,但是如果当时的典籍资料或门派写作"通臂拳"的,也予以保留。

关于通背拳的起源,有传说出自战国孙膑。又说在战国时期的鬼谷子传道云蒙山中,模仿猿猴的猎食、争斗、求生之法,淬炼而为技击之术,称为通背。但是,鬼谷子、孙膑与通背武术的关系,并未见诸史书,显然只是民间传说,不足为凭。另有一种说法,通背拳起源于战国,传者姓白,名士口,字衣三,然而,所谓"士口""衣三",合起来就是一个"猿"字,也就是说通背拳为白猿所传,这显然也不能成为信史。

提到通背拳不得不提到唐代著名诗人李白。他"十五好剑术，遍干诸侯"(《与韩荆州书》)，25岁，"仗剑去国，辞乡远游"(《上安州裴长史书》)，激昂时"击筑饮美酒，剑歌易水湄"(《少年行二首》)，失意时"停杯投箸不能食，拔剑四顾心茫然"(《行路难》)，饮酒时不忘"抽刀断水水更流，举杯销愁愁更愁"(《宣州谢朓楼饯别校书叔云》)，还经常"抽剑步霜月，夜行空庭遍"(《江夏寄汉阳辅录事》)。除了诗歌，武术简直就是李白的第二生命。他在《侠客行》中生动地刻画了"十步杀一人，千里不留行。事了拂衣去，深藏身与名""纵死侠骨香，不惭世上英"的游侠形象，为后世武术家树立了排忧解难、不图名利、重然诺的典范。李白剑法师承何派，史书并无记载。但是他在《结客少年场行》中描述自己"少年学剑术，凌轹白猿公"，在和白猿公的对练中，提升了自己的技击之术。结合李白清新俊逸的特点，或许李白是通背武术的前辈呢？当然，这只是猜测，于史无凭，仅此聊备一格。

还有一种说法是通背拳创于五代时期的后周大将韩通，据说韩通擅长通背拳，为时人传颂，有"太祖长拳为起首，韩通通背为祖"一说。宋代少林寺也曾传习"韩通通背"，再对照《宋史·周三臣》记载，韩通"弱冠应募，以勇力闻"，可为佐证。且韩通于陈桥驿兵变中为赵匡胤的部将所杀，新旧五代史均不予立传，宋史附于骥尾，说他："性刚而寡谋，言多忤物，肆威虐"，严格地说评价并不高，算不得出类拔萃的人物，后人若要伪托通背拳的始祖一般会选择更有威望的历史人物，因此这一说法可信度反而更高。

除此之外，似乎未有在韩通之前传习通背武术的较为可信的记载。不过，通背武术流派众多，功法也大相径庭，未必同出一源，更可能是中国古代多种同类型武术的汇聚，是博采中国传统武术众家之长后的结晶。论断通背始创于何人，起源于哪个确切年代是不科学的,也难以为通背各流派所信服。

最早明确描述通背拳的文字记载出自明末黄百家所著的《学箕初稿·王征南先生传》,里面提到"其六路曰:佑神通臂最为高,斗门深锁转英豪。仙人立起朝天势,撒出抱月不相饶。扬鞭左右人难及,煞锤冲掠两翅摇"。又说"通臂,长拳也"。黄百家的父亲,著名学者黄宗羲则在《南雷文定集·王征南墓志铭》中描述了王征南高超的技艺:

> 征南为人机警,得传之后,绝不露圭角,非遇甚困则不发。尝夜出侦事,为守兵所获,反接廊柱。数十人轰饮守之。征南拾碎磁偷割其缚,探怀中银望空而掷,数十人方争攫,征南遂逸出。数十人追之,皆伏地匍匐不能起。行数里,迷道田间。守望者又以为贼也,聚众围之。征南所向,众无不受伤者。
>
> 岁暮独行,遇营兵七八人,挽之负重。征南苦辞求免,不听。征南至桥上,弃其负。营兵援刀拟之,征南手格,而营兵自掷仆地,铿然刀堕,如是者数人。最后取其刀投之井中,营兵索绠出刀,而征南之去远矣。

另外据明末周淮颖所作、初稿于崇祯甲申年间的《通臂拳谱》一书记载,通臂拳乃董成得自于山中通臂老猿仙,至周淮颖已是六传,推算起来,董成大概是明中叶的人物。通背拳至少形成于明朝,这是比较没有疑问的。

从明末到民国初期,通背拳开枝散叶,繁衍出数十个不同的流派。除了劈挂通背外,还有白猿通背、洪洞通背、祁家通背等。

劈挂拳,以前也叫披挂拳,相传为宋代的一个福居禅师所创,当时少林广邀天下十八家著名武师会于少林,演练三年,传授技艺,少林取各家所长汇成少林拳谱,其中就有劈挂拳的记载:"劈挂拳法非等闲，少林古刹有真传，福居禅师传在先，历代寺僧苦研练。"少林拳谱不辨真伪，明确见于典籍的则是明代抗倭将领戚继光所著《纪效新书》卷十四中的记载，"抛架子抢步披挂，补上腿哪怕他识，右横左采快如飞，架一掌不知天地"。可见当时劈挂拳已有了独特的风格，在实战上也有了很大的发展。

左宝梅与通背劈挂拳

武林中素有"通背加劈挂，神鬼也害怕"的说法，意思是通背和劈挂融合在一起后，威力非凡。两者是何时、何人融合的？武术界中比较公认的说法是起源于沧州盐山县的大左村。

根据盐山县的《通背劈挂拳谱》记载，早在清朝乾隆四十年（1775 年），少林寺因反清与官军搏斗失败，寺庙被焚，劫余的和尚四散逃生。其中有一个少林武僧，擅长通背拳，化名为韩姓道人，云游到沧州盐山大左村，留住在村口的古庙里。村民左宝梅从小好武，听说村口来了个武艺高强的道人，就跑去庙中请求切磋。几次较量，左宝梅都不敌落败，心悦诚服，就要拜韩道人为师，韩道人见他根骨不错，人又诚恳朴实，便收为弟子。左宝梅敬韩道人如父母，刻苦习练，终于学到了通背拳的真谛。左宝梅又独出机杼，将通背拳与沧州当地流传的劈挂拳融合在一起，创造出了新的通背拳拳种——通背劈挂拳（当时叫"劈挂门子通背拳"）。

左宝梅为人忠厚，性情温和，虽然武艺高强，却从不恃技凌人，在他的家乡大左村流传着左宝梅降服布贩的故事。说的是左宝梅在集市里做布匹生意，有一次，一个布贩子在他的店里发生了纠纷，布贩身高体壮，练了几年的拳脚，蛮不讲理。左宝梅好言相劝，他不但不听，还口出秽言。左宝梅不为所动，只是和颜悦色地劝说。

布贩子见左宝梅是个白发苍苍的老人，不以为意。他双手抓起一个百十来斤的布包放在驴背上，炫耀自己的臂力。不料，左宝梅伸出一只手，毫不费力地拈起一个同样大小的布包，轻轻地放在另一只驴背上，博得众人齐声喝彩。布贩子见左宝梅不好惹，便邀请左宝梅随他回家拿钱。

左宝梅带着徒弟潘士魁来到布贩子家中。布贩子寒暄一番后，就要和左宝梅比试武艺。左宝梅说："咱俩不必较量，让我的徒弟表演一套拳如何？"潘士魁领命，练了一趟通背劈挂拳。但见拳风迅猛剽悍，大劈大挂，密如风雨，快如抽鞭。练到高潮处，只见一个撞肘击打在墙壁上，震得土墙颤抖，沙土簌簌落下。布贩子看得眼睛都直了，对左宝梅师徒的功夫叹服不已，赶紧赔礼道歉。

自左宝梅以后，通背劈挂拳在大左村广为流传，到我父亲之前已经传了五代，习练人数众多。同时，隔壁的小左村等村庄，也有不少人习练通背拳。伯公顺便打听有什么通背劈挂拳的名师，好友推荐了小左村的通背劈挂拳第五代传人左东君，又说了段他的故事。

左东君的来历

据说左东君年轻的时候在北京的镖局谋生。当时北京城有八大镖局，其中历史最久、能人最多、影响最大的得数会友镖局，它在南京、上海、西安、天津等地都有分号。左东君经人介绍进了这家镖局。不过，镖局与一般商号不同，它保送财货、银两，责任重大，虽然招收了大批武林高手，但是为了保证镖师的忠诚可靠，往往很注重镖师间的师承、血缘关系。所谓"打仗亲兄弟，上阵父子兵"，一旦遇到强盗，才能团结抗敌，不至于有人自顾自地"风紧扯呼"（江湖术语逃跑的意思）。左东君作为一个外来户，刚开始自然得不到重用，先当了个趟子手，平时还要兼个探路、打杂。左东君也不着急，只管勤恳做事、忠厚待人，倒也相安无事。

就这样过了几个月,有一次,左东君随队护镖到了山东,经过一片树林,碰到了劫镖的山贼。与现在的小说、电视剧不同,镖局遇到劫匪,并不是狭路相逢,立马战个三百回合。因为如果这样的话,镖局整天都有死伤,哪里经营得下去?因此,镖师们遇到劫匪,首先想的不是怎样把劫匪打得头破血流,然后绳之以法,而是要尽力"化干戈为玉帛",把货物平平安安地运过去。

镖头见对方有十七八人,不便硬取,拍马迎上前去。先报自己的镖号,顺便卖弄了下与当地势力的交情,又大方地拿出些银两,送给对方作盘缠。山贼知道镖师训练有素,也不敢贸然刀剑相向,只嫌银两少,要求加倍。双方一时谈僵了,匪首是个手持碗口粗棍棒的黑大汉,不耐烦起来,便要镖师出个人和他比画一下棍棒。

左东君排开众人,主动请缨。镖头也想见识新人的本事,便答应下来。左东君也不带兵器,空手走到黑大汉面前,大汉见他如此托大,十分着恼,劈头就是一棍子下来。左东君坐马沉弓,右手上挂,啪的一声,棍子应声而断,又顺势下劈,砸在黑大汉的脑门上,将他击倒在地。这是有几十年功力的通背铁扇掌,劫匪心服口服,镖队也因此全身而退。左东君从此声名大噪,在镖局站稳了脚跟。

后来左东君又与同是镖师的大枪刘德宽、大刀王五、八卦掌程廷华等人交往,八国联军侵华后,伤痛于好友的凋零,自己年纪也大了,左东君便离开镖局,回到家乡。

据说,左东君刚回乡的时候,邻村有一练武的农夫因为之前的家族仇怨,想要寻机报复。某个夏天的傍晚,乡间农夫劳作后在瓜棚的豆架下乘凉,左东君手持蒲葵扇,横坐在条凳上,与农夫闲话家常。一个又黑又瘦老者从后面若无其事地靠近,挨近左东君的时候,他拨开挡路的农夫,抽出暗藏的铁棍,凶狠地砸向左东君。左东君一听到异响,立即机警地从板凳上一跃而起,双手紧握住板凳边缘奋力往后一击,正中老者的手臂,铁棍脱手飞出。左东君向前一个箭步,闪到老者身侧,肩膀一靠,老者跌入瓜田。他趔趄爬起,撂下句后会有期,狼狈而逃。

路遇左东君

伯公回到村子,找来我父亲,介绍了打听来的消息,却又面有难色,对我父亲说:"我虽然支持你去小左庄学艺,但是此去小左庄路途遥远,怕有 20 多里地。家里经济不好,又有农活需你在家帮衬,不能住到小左村。每日来回跑 40 多里路,你能坚持吗?"父亲思索一下,默默地走了。

第二天一大早,伯公起床晨练,叫上父亲。父亲却姗姗来迟,面有疲态。伯公惊讶,问他可是生病。父亲呵呵一笑,说他昨晚到小左庄跑了个来回,虽然迷了几次路,多拐了好几个弯,总算在天亮前赶了回来。如果是白天,又熟悉路径,肯定回来得更早。伯公知道父亲自小性格沉稳,从不打诳语,必是真跑了一趟,足见他的决心。伯公也不再多话,挑了个日子,赶上驴车,有心再试一下我父亲的腿力,让他在后面小跑,自己先往小左庄去了。

伯公的驴车先到了小左村,等到中午,却没等到我父亲,不禁有点着急。又过了一炷香时间,才见父亲满头大汗地跑了过来,难免嗔怪几句。父亲也没辩解,向村民问了左东君的住所,急急忙忙地奔去。到了左东君住所,是个普通民居,只有两间瓦房,屋前有片场地,平日村民在此晾晒谷物,那时节刚好有几个小孩在那边练武,却说左东君出门去了,不知什么时候回来。

小时候,我听父亲讲他拜师的故事,一波三折,最为精彩。父亲是个沉默寡言的人,说话直来直去,很少卖关子。但是每次说到这里,他的师父要出场的时候,他总会停顿一下,带着点顽皮、又有点感慨的神态,仿佛在怀想师父的样子,再接着往下说去。

两人在屋子附近周围转了下，前头来了个老人，只见他大约60出头年纪，须发皆白，面容癯瘦，身腿甚为矫健的样子。我父亲上前鞠了躬，说，您老住这里啊？老人呵呵一笑，小壮士，你跑得这么快，来不及和你道谢，可不想还在这里碰到了。伯公一头雾水，回去后才听我父亲说了这个事。原来我父亲从野地里抄近路往小左庄急跑，到了一个小村庄的时候，父亲刚要问路，却见一个农夫推着辆装满木柴的车子摇摇晃晃地在路上行走，眼看就要倾倒在路旁一个老人身上。父亲冲上前去，顶住柴车，柴车收势不住还是倒了，幸好没倒在老人身上。农夫却不领情，欺他是个孩子，揪住父亲的领子，当胸就是一拳，却被老人架开，顺势掀翻在地。老人扶起农夫，好言相劝，又和我父亲帮他收拾地上散落的柴草。父亲因此来迟，而老人也就是眼前的这位老者。

左东君肖像

父亲说要来找左东君先生拜师，老人却笑说左东君功夫不行，还是他的拳头厉害，不如跟他学。伯公知道他是在开玩笑，又看他的架势,恍然大悟,便问他是不是左东君。老人哈哈一笑,点头称是,我父亲喜出望外,立即提出拜师请求,老人说:弟子选择良师难,师父选择合适的弟子也不容易。你的身骨、力气,正适合练习通背劈挂拳,我是愿意教你的。不过拜师必须要有考验。刚才推车的农夫,险些撞了我又要出手打你,你愿意再去打他一顿替我出出气吗?父亲面有难色说,我不怕他,但是他撞您并不是故意的,况且事情已经过去了,再去动手恐怕没必要,可以换个考验吗?左东君哈哈大笑,同意收下我父亲。

第二天一大早,伯公又带着我父亲赶到小左村。左东君请师兄弟以及附近知名的武林人士到场,其中司仪一位、颂帖人一位,见证人若干位,一起参加拜师仪式。

拜入师门

当时的拜师仪式是这样的:

第一,拜左宝梅祖师。表示对通背劈挂拳的敬重,同时也是祈求祖师爷"保佑",使自己艺业有成。

第二,行拜师礼。左东君与妻子坐上座,我父亲行三叩首之礼,然后跪献红包和投师帖子。

第三,左东君训话,宣布门规。我父亲呈上《拜师贴》,内有压贴礼,接着拜同门、见证人。

第四,左东君及两名以上见证人在《拜师帖》上签字表示同意,我父亲算是进入师门,正式成为左东君的入门弟子。

按照传统武林的说法,入门弟子又名嫡系弟子,最先进入师门的入门弟子,称为大师兄,亦称开山弟子;最后进入师门的入门弟子,称为小师弟,亦称关门弟子;师兄弟以入门的先后排序,同时入门的年长者为师兄,年轻者为师弟。未经过上述程序,向师父学过拳技且功夫较好,得到师父承认的,也是师门弟子,但只能称作记名弟子,不能称为入门弟子。不是入门弟子,也不是记名弟子,只是同师父学过拳技,称为学员、学生或学徒。

弟子拜师后,如果再拜其他老师必须先取得当前老师的同意。有的门派门规森严,拜入师门后,绝不允许再拜其他的师傅。也有的老师高风亮节,不但支持自己的弟子再拜高人,甚至还为自己的弟子推荐武技高超的老师,左东君就是这样的老师。在授艺的过程中,左东君以自己在镖局常向其他镖师请益为例,教导我父亲不能囿于门户之见,要勇于向名师请益,不断提升自己的技艺。有时候,他的老朋友来拜访他,他也让我父亲向其中的高手学习。我父亲也因此学会了八卦掌、大洪拳、小洪拳等技艺。

到我父亲那一辈为止,通背劈挂门的传承是这样的:

始祖:韩姓道人

一世:左宝梅

二世:左宝梅传:潘士奎、左华林(左宝梅之子)

三世:左华林传:左东常、左东钊(左华林之子)

　　　潘士奎传:李存三

四世:左东常传:左东越

　　　李存三传:萧化成、李云标

五世:左东越传:左东君

　　　萧化成传:彭之珍、安亭云

　　　李云标传:张之莲

六世:左东君传:左金屏(左东君之子)、孙振寰、左清甲、孙玉阃

　　　彭之珍传:彭振麟

　　　安亭云传:尹玉芝

　　　张之莲传:褚金标

关于通背劈挂拳的门规,2009年9月,沧州盐山县举办的"庆

祝通背劈挂拳创始人左宝梅始祖创业210周年暨颁谱大会",新修订的《通背劈挂拳谱》里,门规是这样写的:

劝学篇:
家有黄金万斗粮,不如学艺在拳房。
黄金有价艺无价,艺业要比金子强。

传艺篇:
自古拳脚不轻传,学艺容易练艺难。
习武若无恒心在,半途而废是枉然。
狸猫曾授猛虎艺,虎得真艺把脸翻。
求师若怀小人心,莫怪恩师艺不传。

得艺篇:
志士练艺精与诚,不藏奸诈苦用功。
日进其功寒暑练,百病不染侍一恒。
苦修求来前辈艺,得艺思本门规情。
效劳国家传后艺,要替吾师撑门庭。
花言巧语如不见,莫中奸计把艺传。

武德篇:
习武先做人,尊师莫忘本。
父母养育情,师徒授艺恩。
兄弟似手足,互学要同心。
莫要逞强势,扶弱侠义人。
要做穷君子,不做富小人。

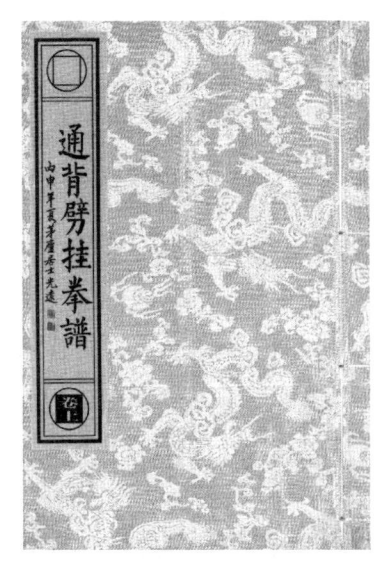

通背劈挂拳谱

通背劈挂拳门规

通背劈挂拳的技击训练，必先强调武德的教育。而武德贯穿在技战指导思想里，又引申出通背劈挂拳的防守反击、后发制人为主的战略方针。拳谱里非常强调"让一、让二、不让三"，意思是要门人、弟子尽量忍让，不主动挑事，但是如果对方逼迫太甚，也必须还击，并做到一击制敌。这也是左东君在对我父亲的考验中，听他说不随便找人动手后，便欣然收下他的原因。

后来，父亲在他一生中，与人动手较量无数次，身经百战，却从来没有率先动手、无理取闹，更没有以强凌弱的事情发生。

夏练三伏冬练三九

从此，我父亲走上了奔走学艺的道路。每天下午三四点钟，他做完家里的农活，带上爷爷做的几个馒头，便踏上前往小左村学艺的道路。

2009 年在沧州市盐山县举办的通背劈挂拳颁谱大会

2009年,我去盐山参加"庆祝通背劈挂拳创始人左宝梅始祖创业210周年暨颁谱大会"的时候,特地让人开车走了一遍父亲当时所走的路线。20多公里的路,开车绕着走要30多分钟,当年父亲抄近道在村路上小跑,据说要跑两个多小时。到了小左村大概是5点多钟,练到晚上9点之后,再跑回孙八里村大概就得11点以后了。每天早上5点后还必须起床锻炼,再干农活。这样的日子父亲坚持了近8年,寒暑从不间断,从少年跑到了青年。当时的农村很穷,能有一双练功鞋就不错了,不可能每天穿着鞋子奔跑,父亲说,他就是光着脚跑这20多公里。前几个月跑出血泡,挑破了继续跑,等结了疤,又磨出血泡,再挑破,反复几次就成了硬皮,渐渐地也就不会破了。有一回,左东君打趣他说通背铁扇掌还未练成,倒先练成通背铁扇脚了。

　　时过境迁,父亲当时练功的场景现在是说不上来了,不过从《通背劈挂拳谱》里对训练的介绍,可以从中看出一二。

施载煌演练通背劈挂拳基本功朝天蹬

通背劈挂拳，其手法以滚、勒、劈、挂、斩、砸、擂、冲、戳、穿、伸、收、轮等为主；腿法以踢、蹬、踹、铲、劈、弹、扫、捆、勾、盘、掼、踩、摆等为主；步法以溜、挖、跃、闪、弧等为主；擒法以刁、拿、锁、扣、扳、点、缠、切、摔、挫、旋、卷、封、闭、牵、拉等为主；摔法以棚、揣、倒、抱、拧、钩、推、背、拌等为主。

在打防守反击中，最讲究的是步法的灵活和变化，所谓"步不灵，闪不行"，"步法乱，身法慢"。因而，在训练中，特别强化要以溜、闪、跃、弧、蛙等步法，进行前后左右、两侧迂回的快速转换移位。再辅之以在多个移动沙袋间的跳、跃、闪、躲等模拟练习，以求达到"身轻似燕，腿疾如猿""出手如风过，又要步不错"的境界。其后，再结合通背劈挂拳中独特的技击法，把三合拳、斩切掌、连环腿、随风扫叶、撒花盖顶、腾空抄手起腿、滚背闪劈等招式，演练得出神入化，势如破竹。攻击起来，则斩、切、劈、挂、腿并用，招招相扣，势大力沉，如排山倒海、雷霆万钧般势不可挡。

在技击实战中，拳谚"开手之始，等打为优；发手之后，赶打为上"，说的就是后发制人，出手要势如破竹。"敌变则我变，无招胜有招"，是审时度势，因势利导，不拘泥于招式的摆设。而"遇弱强攻，逢强智取"，则要避实就虚，以我之长，攻敌之短。"长打短，快打慢，慢打站"，强调的是放长击远，急攻快打，在运动中歼敌。

通背铁扇掌和虎尾三节棍

通背劈挂拳很大一部分是掌上的功夫，手臂、手掌的硬度不够，实战中必然大打折扣。其实不只是通背劈挂拳这样，中国武术也是这样，掌上功夫是中国武术一个显著的特色，手臂硬度不够，你一掌下去，小指骨打到对方的拳头和头部，反而是你的手指先折断了，很多技术自然就使用不了，实战也就不行了。当然这只是其中的一个方面，这是题外话了。

通背劈挂拳掌上的功夫叫"通背铁扇掌"，练习的时候要将双手在铁砂上反复拍打，久而久之，两个手掌坚硬如铁扇，对敌应战，无坚不摧，是每个通背劈挂拳高手的"标配"。左东君先生是这样，我父亲也不例外。在我父亲生平百余战中，只要是徒手搏斗，很多对手都撑不住他的一掌。后来，他在鼓浪屿"通背武术社"传授武术的时候，不管是我还是我的师兄弟们，与我父亲两手碰撞的时候，他的力量和筋骨的硬度总是让我们苦不堪言，多交击几下，手臂的青肿常常要好几天才能消退。这还是父亲在训练中保留了大部分气力的情况下。

但是，我看父亲的手，除了大拇指之外，其余手指基本齐平，这是长期习练戳掌的缘故。至于手臂的皮肤，除了厚一点，和常人的双手并没什么两样，并没有传说中练习通背铁扇掌那样，整只手都是老茧的样子。我因此问过父亲，他笑说是很久没再拍打铁砂袋，自然就消退了。不过，我后来回到沧州的时候，说到此事，当地一些练过通背铁扇掌的老人说，初练通背铁扇掌，整天摔打，手臂自然粗肿、长茧。练到高级阶段，手臂气血通畅，返璞归真，不仅会恢复正常，还会变得更加莹白细腻。

我再问父亲通背铁扇掌的练法，他笑而不语。他没有教我们练传统的通背铁扇掌。原因我想有三个，首先是通背铁扇掌要反复锻打铁砂，再浸泡特殊的药酒，这样才不会致残。五六十年代，在厦门没有那么多铁砂可供使用，大概也找不齐做药酒的材料。其次是当时的社会环境对武术防范较严，父亲怕我们出去惹是生非，因此不把动辄伤人的铁扇掌教给我们。第三是我们那时候基本都是在校的学生，没有那么多时间用来练习。

除了通背铁扇掌，父亲在实战方面使用器械最多的是三节棍。三节棍是由三条基本等长的短棍中间以铁环连接而成，又称"三节鞭"、"虎尾三节棍",据说传自宋太祖赵匡胤自创的盘龙棍。三节棍全长等于习者直立直臂上举至手指尖的高度,因此民间武师的三节棍有"伸开一丈"的说法。

三节棍的使用变化多端。可以双手分持两梢节,一攻一防相互配合;也可以一手持梢节,另一手持中节,持梢节用于格挡、直刺,持中节用于挥击、扫打;或两手都持中节做出各种舞花,在重围中杀开血路;或手持末梢,像鞭子一样,作远距离的抡扫、劈砸。三节棍舞起来三节相互转换,方法多变,远近兼顾,软硬兼施,动作凶猛敏捷,气势逼人,与通背劈挂拳"放长击远"的风格十分贴近,因此深受通背劈挂拳门人的喜爱,是通背劈挂门必练的器械之一。左东君所传的三节棍分为六路六十八棍,其中有"带还抛打""三环套月""乌龙盘柱""朝天一柱香"等招式。单练之外,又有三节棍进枪、三节棍擒枪等对练套路,结构紧凑、招式惊险,极尽三节棍刚中带柔之妙用。解放后,我父亲整编出了几套三节棍进枪、三节棍单练的套路在各大武术赛事中竞技,收获了不少荣誉,也是我们通背武术社为群众表演时的压轴节目。

三节棍收起来只有一节的长度,大约七八十厘米,便于携带,又不像刀剑那样显眼,同时它既适合短兵相接的巷战,也适合大开大合的正面攻坚。所以我父亲后来在镖局和军队的时候,随身携带的就是三节棍。父亲在实战中使用三节棍也有许多事例,容后再表。

八卦步法和春秋大刀

我父亲后来留传下来的通背劈挂拳套路有五十七套,为后人留下了一笔宝贵的文化遗产。这些套路,除了一部分是后来他在外闯荡的时候学习到的,如孙膑双拐、七节鞭,大部分都是左东君师爷

(北方武术门派把师父的师父称为师爷)传授给他的。后来我们去盐山与通背劈挂拳同门交流的时候,很多套路在当地已经失传了。

这么多套路,我们师兄弟每人各学到一部分,我的师兄,原厦门理工学院副校长施载煌学过三十九套,已经算是不少了。我虽然学过其中的大部分,但是有些套路,很久没练习就会有脱漏。父亲从年轻时候离开家乡,直到厦门开馆收徒,已经过去二十多年,还可以清楚地演练出来并授课,实在是非常了不起。除了他武学天赋高之外,更是他几十年如一日刻苦训练的结果。

当时跟随左东君师爷习武的有二三十人,大部分是小左村或大左村的青年,我父亲住得最远,每天来的最早不一定是他,但最晚离开的肯定是他。有一天晚上,我父亲在晒谷场上练拳,到了浑然忘我的境界,左东君突然让他停下来,拜见一位客人。我父亲到了屋里一看,是一个英武的中年人,左东君介绍说是以前镖局的朋友,八卦掌程廷华的门人。那人在左师爷家住了十几天,与左师爷叙旧也切磋武艺,左师爷请他向弟子们传授了八卦掌的步法。

空闲的时候左师爷向我父亲讲述了程廷华的故事。

程廷华出生于清道光二十八年(1848年)。自幼入京学艺,艺成后于北京崇文门外开一眼镜铺,以经营眼镜为业,江湖人称"眼镜程"。二十八岁经人举荐,投身拜师于八卦宗师董海川门下,深得八卦掌的精髓。

程廷华不但功夫高超,而且流淌着一腔爱国热血。1900年,八国联军攻进北京,慈禧西逃,京城兵荒马乱。程廷华途经东单牌楼时,见十几个德国士兵调戏一位少女,便上前阻止,洋鬼子一拥而上,把程廷华围在中央,拳脚交加。程廷华愤而出手,三招两式,就把十几个德寇打翻在地。他跑回到眼镜店后,稍做打点正准备离开,却被闻讯尾随而来的洋枪队团团围住。程廷华施展游身八卦掌,边与敌人游斗边退出胡同,洋枪队见他要逃,举枪乱射。程廷华身子一缩,腾身跃起,想要跳到屋檐上,没想到,发辫被房瓦缠住,起纵不得。不幸被洋人的飞弹击中,一代武术巨擘就这样牺牲在八国联军的枪口之下,终年五十二岁。

后来,我父亲身手矫健、身法变化多端,大概与他曾练习过八卦步法有直接的关系。

我父亲向左东君学艺的时候,左师爷已经六十出头了,虽然在训练上对弟子极为严格,在生活上却也十分疼爱。练武之余,常跟他们说些旧时走镖的规矩、故事,也说些武林豪侠的故事,特别是沧州本地的大刀王五等人,与左东君同在北京镖局的时候素有交往,深得左东君敬佩。

大刀王五本名王正谊,字子斌,祖籍河北沧州。他自幼拜师当地著名武师李凤岗,因他在李凤岗门下排行第五,人称"小五子";又因他刀法纯熟,义薄云天,因此江湖中尊称他为"大刀王五"。大刀王五向北漂泊到了北京,一把大刀镇住了各路英豪,成为京师名侠。

后来,通过朋友介绍,王五结识了谭嗣同,两人意气相投,交往颇深。1898年,"戊戌变法"失败后,谭嗣同被捕下狱。王五组织武林高手劫牢营救,谭嗣同执意以身殉国,谢绝了王五的好意。谭嗣同遇害后,王五毅然前往抚尸痛哭,并冒死收尸装殓入葬。"庚子事变"时,王五被八国联军枪杀于北京前门,津门大侠霍元甲也冒死为其收殓。这两段佳话在武林中广为流传,成为清朝末年那个动荡时期侠士间刎颈之交的典范。

王五以"大刀"称雄,既擅单刀也擅春秋大刀,他的那把"青龙偃月大刀"重一百多斤,别人拿都拿不动,他舞起来虎虎生风。左东君在会友镖局时,与源顺镖局的王五多有交往,彼此换艺,颇得王五春秋大刀的精髓。每年王五忌日,左东君必痛饮烈酒,趁着酒劲在月光下演练一百零八式春秋大刀,以此来纪念这位义薄云天的老友以及逝去的那段江湖岁月。而我的父亲耳濡目染，早早在心中播种下忠义爱国的种子。

后来，我父亲壮年时从北方千里迢迢来到厦门，身无分文，却带来了一大捆兵器，其中就有一柄春秋大刀。在我父亲遗留下来的几张相片中，就有一张他手持大刀的相片。年轻的时候，我曾经手执大刀，模仿相片中父亲的动作，摆出相同的造型，站了一会儿就觉得浑身僵硬，可是照片中的父亲却非常轻松、写意。外行看热闹，内行看门道，没有几十年的积累和沉淀是学不到他这份功力的。

初试牛刀

在左东君的悉心教导下，我父亲逐渐成长起来。三年后，基本功练得差不多了，左东君开始传授通背劈挂拳的套路，又过了三年，才开始专门的技击训练。我父亲当时习武十分刻苦。据他说，通背单打动作，每天要练上千下，踢腿一练就是二三十趟。每天练完拳脚，都要操掌（用掌击打铁砂袋），每次都要练一个多小时。农忙的时候，虽然白天劳累了一天，夜间还要挂起油灯，坚持练功。由于他勤奋好学，不怕吃苦，又能持之以恒，所以功力进步很快。他的通背拳，烈如霹雳，快如闪电，起伏转折，优美矫健。他的那一副"铁扇掌"，犹如刀斧一般，摧金断玉、横扫千军。师兄弟几十个人，数他功夫最好。

2009年，通背劈挂拳颁谱大会召开的时候，我应邀出席，特地拜访了当地硕果仅存的几个通背劈挂拳第七代传人，其中几位正是当年我父亲师兄弟的门人弟子。他们得知我的师承后，饶有兴致地说起几件当地流传的轶事。

我父亲每天从孙八里村跑到小左村，要经过几个村落。那时候的农村民生凋敝,老百姓生活困苦。有的村落被土匪恶霸占据,他们拦路设卡、伺机打劫,一路上并不平安。特别是一个叫麻洼的地方,向来民风彪悍,那时村里有王姓三兄弟为非作歹,知情的老百姓经过麻洼的时候,往往绕道而行。

有天晚上我父亲从小左庄回家,经过麻洼时,从村旁小路绕过,忽然听到路边传来呼救的声音。我父亲循声而去,发现有三个大汉持刀围住一个赶牛的贩子,要他把身上的钱财都交出来。那三人就是村里的王家三霸了。我父亲大喝一声,挡在他们面前。其中一人,扯住我父亲的衣领,问:"你想强出头吗?"另一人,却从他背后闪出,一刀直刺我父亲肋下,他们配合娴熟,显然是经常干这种勾当。说时迟那时快,我父亲拽住拉他的那人,往旁边一带,刚好把刺刀撞开。随后进步冲拳,击打在拉他的人的胸口,那人往后飞出,撞在持刀人身上,两人一起倒地,爬不起来。第三人见状,便要拔刀而出,我父亲上前一把握住他的手腕,他左右挣扎不开,却威胁道:"我认识你,你经常从我们村口过去!"我父亲不为所动,三人只得狼狈逃走。我父亲扶起牛贩子,牛贩子千恩万谢,又掏出一块大洋,恳请我父亲带他走一段路。我父亲带着他摸黑走了半响,到了安全的地方,谢绝了他的大洋,这才转身回家。

第二天下午,我父亲向左东君说了这件事,左东君对麻洼的王家三霸素有耳闻,便叫我父亲把当时的招式演练一遍,指点一番,然后叫我父亲自己练习,他离开村庄,过了好久才回来。到了晚上,我父亲辞别左东君,特地带上一把三节棍,踏上回家的路途,左东君见状笑了笑,也不多说什么。到了麻洼,一片静悄悄的,我父亲索性从村子大路上跑过,却不见王家三霸设伏,一路平安无事。第三天晚上,我父亲早了半个时辰,从左东君家出来,跑到麻洼,找到一个村民,询问王家三霸的住处。村民却说:王家三霸不知道为什么得罪了小左村的一个老人,前天就被他给打跑了,不知去向。

又有一天下午，我父亲刚跑到小左庄村口，便被守候已久的十几个师兄弟团团围住，他们有的手提棍棒，有的肩扛刀枪，神情激愤。原来有个小师弟住在隔壁村庄，早晨在家门口练武，却被同村练其他拳种的人嘲笑中看不中用。小师弟见他们人多势众，就约定今晚带同门师兄弟上门较量。师兄弟之中，我父亲功夫最好，平时也最有威望，因此他们特地等我父亲一起前往。

我父亲这可犯了难：不去，弱了通背拳的名声，丢了师兄弟的自尊；去，两边真刀真枪对抗，必有死伤。两难之际，忽然想到左东君之前的做法，我父亲便以左师父不允许我们这么做为由，坚决将众人挡住。回到了左东君练武处，师兄弟也不敢多说，只能默默练习，大概心里还暗骂我父亲懦弱。练了一个时辰左右，大家停下来歇息，我父亲趁人不注意，拿了把三节棍离开村庄。过了许久，我父亲才转了回来，继续和师兄弟习武。到了晚上，大家将要散了的时候，父亲才把师兄弟召集在一起说，刚才他已经跑到隔壁村，费了点周折，总算把那伙人打服了，以后他们不会再轻视通背拳了。师兄弟们目瞪口呆。

小师弟半信半疑，回到村庄，听村里的人议论纷纷，说是小左村练劈挂门子通背拳的孙振寰，年纪轻轻，身手不得了，面对村里武者的挑战，先以铁扇掌劈倒一人，又施展身法将另一人绊倒，最后用三节棍将对方兵刃击飞，三战全胜，那伙人一拥而上，又被孙振寰以三节棍一一放倒，只能赔礼道歉。

左东君事后得知，夸了我父亲几句。不是夸他武艺精湛，而是夸他做事有分寸、知进退，既不弱了本门声誉，也不酿成流血事故。

葫芦圩救村民

沧州民间还流传着一些我父亲的轶事，在《沧州武术志》《沧州文史研究》等地方史料中,登载过介绍我父亲的文章。比如《沧州文史研究》2010年第3期刊登的周宝忠[①]先生的《神武豪侠孙振寰》,文章搜集整理了我父亲早年的一些事迹,其中描述我父亲学艺期间勇救葫芦坨村民的一节,颇具传奇色彩:

民国九年的一天,差左东君22岁的孙振寰去无棣访友。回来的路上,路经葫芦坨村。但见鸡飞狗跳,哭喊连天。远远望去,村口驰来一队马匪,明火执仗地进村抢劫来了。村民面对马匪,个个束手无策,只顾自己逃命。

明清以来,沧州东部的地区,由于地碱田瘠,不少人干脆弃田不种,私结帮伙专干些行窃抢劫的勾当。这帮人事先探得谁家富有,然后寻机将这家人绑去,令其家人花钱赎人。被绑之家常常由此被弄得倾家荡产、家破人亡。葫芦坨林裏村绕,田肥土沃,生产金丝小枣和鸭梨,是一富庶之乡。这帮匪徒看中了这块肥肉,竟然青天白日进村抢劫。

面对匪徒的暴行,孙振寰"唰啦"抽出了随身携带的虎尾三节棍,空中一抖就想迎上前去。刚一迈步,又停了下来。慢!自己孤身一人,迎战十几个马匪,能行吗?这里正在迟疑,马匪已闯进一户农舍,紧接着就传来女人饮刀的惨叫声。孙振寰再也忍不住了,急中生智,大喊道:"乡亲们,别跑,我是小左庄左东君先生的徒弟,救你们来了!"说完,抖擞虎威向马匪冲去。

这帮马匪早知左东君的厉害,闻听此话,不由得一怔。细

[①] 周宝忠,1957年12月生,河北省南皮县人。中国民间文艺家协会理事、河北省民间文艺家协会副主席、沧州市文联副主席。1998年被评为河北省首届"德艺双馨"文艺家、2006年被评为"河北省十佳新故事作家",2011年被中国民间文艺家协会授予"中国民间文化守望者"荣誉称号。

看却仅有一人，不以为意。孙振寰冲入匪群，虚晃一招，抖棍"劈山断横"一棍将一马匪打于马下。众马匪大怒，拨马提缰，直扑孙振寰。孙振寰利用自己身轻腿捷的优势，窜纵跳跃，闪展腾挪，在马匪群中穿花缭树，寻机下手。

秦俊（右）与杨启伟（左）演练三节棍进枪

三节棍这种兵器因有三节木棍组成，近则可收拢为双棍，远则可放开单使。孙振寰忽单忽双，忽棍忽掌，因时而异，将这伙马匪打得吱嗷乱嚎。不过这帮家伙也是个个会武艺的，十几把钢刀寒光闪烁，上下翻飞，数十只马蹄交错奔跃，踏得尘土飞扬。交手中孙振寰手疾棍速，眼到棍到，又将一个马匪打落马下。这帮家伙见连伤二人，一个个拼了性命，呜哇怪叫着使出浑身解数，攻击更加凶猛。孙振寰一人力战群匪，全然不惧，但毕竟势单力孤，稍有不慎，后果不堪设想！他急中生智，边打边往林中撤退。这样可以果树为掩护，避其战马锋芒。匪徒们追入林中，果然战马受阻，不得不跳下马来步战。这下孙振寰发挥了通背拳快猛迅捷的攻击特点，穿攉挤挑，劈擂击捉,一阵急轮快打,先后又将两个马匪打得满面开花。

村民们见有人给他们打了头阵,非常感动,一个个也都抄了家什,从四面八方赶来助战。这帮马匪一看势头不妙,拖起几个受伤的同伴,一溜烟逃走了。村民拉住孙振寰的手,千恩万谢,感激得热泪涟涟。

为了感谢孙振寰的恩德,村民们给他特制了一块烫金大匾,上书"神武豪侠"四个大字,又筹集了些银钱,送到孙振寰家里。孙振寰谢绝了牌匾和钱,只是说自己是左东君的学生,要感谢就感谢左东君先生吧。

南萧北尹与褚金标

和我父亲同属通背劈挂拳第六代的师兄弟们,出了不少武林高手,当时沧州武林有"南萧北尹"的说法,南萧指的是萧麟标,北尹指的是尹玉芝,这两个人都是通背拳第六代弟子。

萧麟标的一桩故事,后来被沧州当地人编为戏曲,堪称传奇。

萧麟标(1853—1935),字振山。他大鼻子大眼睛,身材壮硕。自幼跟随名师陈荣禄习武,虽然性格迟钝,半个月没学会一趟溜腿架,却凭着坚强的毅力和不怕吃苦的精神,硬是练就了一身本领。

有一年天津招考武士,萧麟标跟随同乡到天津应试。在街头闲逛时路过一家瓷器店,有个老人因为所买的瓷器有裂纹要求退货,瓷器店的老板硬是不肯,双方争吵起来。瓷器店老板仗着是当朝中堂大人李鸿章的外甥,掌掴老人,萧麟标上前打抱不平,老板却叫出十几个伙计,萧麟标遂率领众武生大闹瓷器店。大概是瓷器店里的打斗乒乒乓乓、有声有色的,十分具有戏剧效果,因此故事流传了下来,据说现在还偶尔在喜庆的时候上演。李鸿章的外甥怎么会去开瓷器店姑且不说,萧麟标的弟子萧金德、韩桃林、付荣熙、刘维祺、姜金章等都是沧州市通背劈挂拳的重要传承人。

虽然都是第六代弟子,萧麟标比我父亲年长了35岁,大概与我父亲没有交往。尹玉芝(1872—1956)比我父亲年长十几岁,功夫大成后,走南闯北,在天津开馆收徒,与我父亲有过一段交往。

尹玉芝武艺高强,在沧州武林也流传着不少故事。有一年,尹玉芝和朋友在回家探亲的路上,夜里住店休息,闲谈间,店内几个人听说他是沧州人士,看他那架势可能是练武术的师傅,为试试他的功夫,几个人戏说:"你认识沧州的尹佫子吗,听说他还有两下功夫。"众人哄堂大笑。"佫子"一词是当地方言,具有轻蔑和嘲笑的意味,是一种不礼貌的称呼。尹玉芝觉得若不给他们一点颜色看看,不仅让朋友脸上无光,晚上说不定还会有麻烦。他在屋内扫了一眼,看见房子中间有一个顶梁柱,他走上前去,用胳膊一拐,柱子偏离原位,上梁也连带着移位,房土扑簌簌地落下,吓得几个人脸都黄了,赶紧要往屋外窜。尹玉芝却快步挡在门前,几个人怎么也出不去。尹玉芝说:"房都快塌了,你们还不去把柱子弄好",几个人定了定神,无奈地走到柱子前,却怎么也不能移动柱子丝毫,只好请尹玉芝想办法。尹玉芝走到柱子前,用背一靠,柱、梁即时复位,几个人目瞪口呆,又听说他就是尹玉芝,心悦诚服地向他鞠躬道歉。

另一位师兄褚金标(1855—1931)自幼习练通背劈挂拳,也曾跟随左东君习武。后来他云游四海、以武会友到了太原,破获了当地一桩大案,被官府任命为衙门的标头。我父亲在天津当镖师的时候,路过太原,专程去拜访过他。第二次拜访的时候,褚金标已经告老还乡了,只见到他的两个弟子杨振祥和王起刚。两人也在官府办事,正要捉拿当地一个恶霸,却又势单力薄。我父亲慨然相助,夜闯虎穴,擒下了恶霸。这是2017年的时候,褚金标的后裔褚忠岳讲述的。

拜别恩师

到了1920年,经过长期艰苦的训练,我父亲已经从腼腆的少年长成了英武的青年。这一年,在唐继尧的操纵下,川、滇、黔爆发战争;直皖大战爆发,吴佩孚奔擒段祺瑞未果;皖系段祺瑞战败下台;日本出兵占领吉林珲春……华夏大地仍处于剧烈的动荡之中。而沧州由于土地干旱、庄稼歉收,年轻人要么参加军阀的部队,要么到北京、天津等大城市谋生,也有的加入会、道、门为非作歹。

那时,我爷爷孙安策年迈体衰,已经不能下地干活了。有一天,他把父亲叫到跟前,对他说:"家里的薄田养活不了这一家子,你长大了,又练就一身好武艺,该学学村里的年轻人,出去外面闯荡了。你去跟左师父说一下,他见过世面,让他给你找找差事。"

我父亲见了左东君,向他禀明此事。左东君说:"你跟我学艺多年,情同父子,在我众多徒弟当中,你最刻苦也最有恒心。天下没有不散的筵席,也该是你出去闯荡的时候了。不过,按照师门规矩,要出师,还得功夫练到家才行,免得出师后坏了通背门的名声。"他搬来一条长凳,说:"这条横木,你先试试,看能不能一掌劈断。"这条长凳足有一尺来宽,一寸多厚,正是他平时纳凉用的凳子。

我父亲走到凳子跟前,紧了紧腰带,运足劲力,气发丹田,一掌劈下,只听"咔嚓"一声,板凳被拦腰折断。左东君见状大喜说:"你已具有相当功力,没枉费我一番苦心。"又说:"不知实战水平怎样,我陪你练练吧!"

师徒二人来到练武场,师兄弟和乡亲们早已闻讯而来,将晒谷场围得水泄不通。

两人相对而站,便要试手。却有个村民,练武多年,与左东君有隙,平日常刁难他,这时在旁边怪声喊:"你们师徒在演戏呢!"左东君也不恼火,顺水推舟道:"换你来吧。"那人并不推辞,大摇大摆地就下了场。我父亲见过这人,知道他的斤两,站稳了,气定神闲地看着他。那人装模作样地蹲下来整理鞋子,突然一跃而起,手里撒出一把沙子——原来他刚才假装整理鞋子,偷抓了一把沙子在手上。我父亲早有防备,把头一偏,躲过沙子。脚步却不后退,反而箭步向前,插入他两腿之间的空档,同时左手一甩,一招"五雷轰顶"拍击对方的面门。那人急忙向后躲闪,我父亲马上右脚前插,右肩一撞,那人哎呀一声,跌倒在地。

左东君见我父亲赢得如此轻松,在众人面前出彩,也很高兴。回到里屋的时候,让他拜过历代祖师的像,宣布他可以出师了。我父亲赶紧问他,到了外面如何谋生?左东君说:"现在的时局兵荒马乱,我辈武夫从军固然有用武之地,只是国人相残生灵涂炭,终究不忍。走江湖护镖倒是不错,既可以谋生,也可以继续提高你的技艺。可是我已退隐多年,镖局的故人大多没联系了。"又想了想,说:"我在天津有一个故交叫刘德宽,六合枪术出神入化,乃是有名的武术家,为人豪爽仗义,可以去请他帮忙介绍个镖局。不过他年纪比我大了十几岁,不知道还在不在。"当即写了封介绍信交给我父亲。

左东君再将自己的压箱底绝技倾囊相授,又告诉他:学无止境,能者为师,江湖上能人异士很多,要广学博取、海纳百川,不断提高自己的技艺,将来学有所成还要积极地把通背劈挂拳传播出去。他对我父亲的这番话,促使我父亲在奔赴人地生疏的厦门后,广收门徒,辛苦耕耘数十载,将通背劈挂拳繁衍壮大,远播海外。也许,我父亲认为这是对恩师左东君最好的纪念吧。

最后,左东君拿出套青布衣衫和两块大洋送给我父亲做盘缠,师徒二人洒泪而别。

第二章

镖行天下

遭遇红枪会

我父亲回到家中,干了几天农活,刚好有两个同宗兄弟赶着牛车要去天津送货,便告别家人,结伴而去。

民国初期河北、山东的农村,土匪猖獗,百姓苦不堪言。义和团运动失败后,拳民四散逃回乡里,一边务农,一边也不忘习武收徒。兵荒马乱之际,他们摇身一变再次兴起,以封建宗教的形式组织各种各样的教门武装。他们有的沿用义和拳的原名,有的按其法术、战术特点为名,如毛篮会、哼哈会等,有的以武器服饰特点命名,如红枪会、黄枪会等。此外,还有大刀会、真武会、无极会、忠孝团、六离会等。他们有的保护本地的村民免受土匪迫害,有的却也拦路设卡、征收保护费,可以说良莠不齐。

当时天津、沧州一带有不少从山东传过来的红枪会在活动,我父亲一行人路上就遇到几个红枪会的据点,交了点钱,也就过去了。

快到天津的时候,经过野外一个关卡,同宗兄弟过去了,我父亲却被拦住了。拦住他的人是红枪会的一个小头目,红枪会员们管他叫"二师兄"(红枪会的组织,最初以村、镇为单位,一村或一镇设一会堂,亦偶有联合数小村设一会堂者,由大师兄统领。此后,会员日众,又有二师兄、三师兄等名称)。

"二师兄"仔细打量了我父亲,突然没头没脑问了一句:"你是左东君的弟子?"我父亲初出茅庐,没有细想,点头称是。"二师兄"突然翻脸:"你不认识我是谁了?"我父亲仔细一看,依稀有点印象,突然醒悟过来:"你是麻洼村王家的?""二师兄"说:"这可真是冤家路窄!当年你坏了我们的好事,你师父隔天又把我们打伤,赶出麻洼村。今天可要好好叙叙旧!"我父亲看他们有七八个人,其中一人还拿着鸟铳,三人扛着红缨枪,另外几个拎着短刀,便挥手示意同宗的兄弟先行离去。

我父亲又问"二师兄":"你那两个兄弟呢?"这一问,"二师兄"更生气了,怒声道:"都是左东君干的好事,我那两位哥哥听了你师父的蛊惑,说不再干这些营生,跑到西安从军去了。"我父亲说:"你为什么不跟他们一起去,守在这里有什么出息?"又跟他们争了几句,好争取时间让同宗兄弟走远一点。"二师兄"不耐烦了,说:"不要再废话了,好好把我们的账算一下",命手下操起兵器,把我父亲驱赶到一片树林里面,又给我父亲一把锄头,叫他挖个坑,竟然要把他活埋了。

讲述这个故事的时候,父亲已经将近70岁了,我忍不住问父亲,那时候你害怕吗?父亲微微一笑:"那时我才二十出头,刚踏出家门就碰上这一出,能不害怕吗。不过,出来行走江湖本来就要有这个心理准备,练了十几年的功夫,哪能束手待毙,总要拼出条活路来!"

父亲边挖洞,边偷偷观察这些人的站位。过了一会儿,树林里有大鸟扑棱棱飞起,红枪会众人抬头望去。我父亲就等这个机会呢,忽然往后一转,脚底发力,绕到持鸟铳的人旁边,锄头往上一撩,击中那人的手肘,整只鸟铳脱手飞出,人也痛得坐到地上。三人挺枪刺来,我父亲锄头一拦,再一转,卷住枪头,往上一挑,三把红缨枪一齐脱手,紧接着一个少林棍法"横扫千军",将三人打倒。又有几个人挥刀砍来,我父亲又挡又闪,且战且退,步法丝毫不乱。

"二师兄"边指挥,边跑去捡那支鸟铳。我父亲平日听左东君讲江湖旧事,哪里不知道枪支的厉害。他突然抡起锄头,奋勇前冲,持刀的匪徒以为他要拼命,不觉往后退让,谁也不肯当个出头鸟。却不料,我父亲拧身急闪,冲到"二师兄"面前,一记弹踢,又快又狠,正中"二师兄"的下巴,"二师兄"当场口嘴流血,向后仰跌。父亲又一跃而起,锄头在半空划出一道弧线,追击的匪徒慌忙低头后退,我父亲紧接着扑步下蹲,一个扫堂腿过去,将剩余的几人扫倒在地。

我父亲怕还有其他红枪会跑来,也不恋战,扔了锄头,猫腰跑进树林。听得后面枪响,却哪里还打得到他。

后来,我父亲再也没见过这个"二师兄"。过了几年,他在西安又遇见了王家的老大,才知道这个"二师兄"作恶多端,某次官兵剿匪的时候,把他击毙了。

偶遇江德湾,练习六合枪

我父亲追上同伴,又赶了半天的路,一起来到了天津。他要按左东君给的地址去寻找刘德宽,便与大家挥手道别。

刘德宽1826年出生在沧州,自幼随父习武,练习鹰爪拳术,后来又师从沧州六合拳传人李凤岗学技,尤其擅长大枪,被武林人士誉为"大枪刘"。他青年的时候在北京和盛镖局当镖师,走南闯北,见多识广,无通常武人的门户之见,能博采众长,先后从师于刘奇兰、郭云深、杨露禅等武术名家,又拜在八卦宗师董海川门下,与尹福、马维祺、史纪栋、程庭华、宋长荣、宋永祥、刘凤春世称"八卦八大弟子"。他融合各家所长,枪法更见精湛,称号也从"大枪刘"变成了"神枪"刘德宽。

费了点周折,到了傍晚的时候,我父亲才在郊外找到刘德宽的住处，却见宅门深锁。找了个邻人打听，才知道刘德宽多年前已经去世，儿女都在外地。

眼看天色已晚，他只好在附近的破庙里凑合了一夜。第二天一大早，我父亲回到城里，举目无亲的，不免心内踌躇，寻思着找家镖局碰碰运气。忽然前面传来锣鼓声，循声看去，原来是有人在菜市场卖艺，表演杂技。

正想着，突然来了几个地痞流氓强收保护费，又要调戏表演杂技的女孩，引起了冲突。我父亲正要上前劝阻，却有一个中年大汉挺身而出，打跑了流氓。我父亲见大汉神勇非凡，便要上前结交，不料那伙流氓又从附近招来一大帮人，手持刀棒冲杀过来。杂技摊本来自带了几根枪棍，就竖立在摊前，我父亲随手抽出一根棍子，急步上前，一个"上步戳棍"，"啪"的一声，击中领头流氓的胫骨。紧接着一招"风卷残云"逼退冲上来的流氓。又听见旁边"嗖嗖"数声，只见那大汉抽了根缨枪，也冲了上来，几个点刺，就戳倒了两三人，好在表演的缨枪没有开刃，不至于酿成血案。就这样，两个人一个横扫直劈，一个左刺右扎，没几个回合就把那伙地痞打跑了。

二人相视而笑，有惺惺相惜的意思。那大汉自称叫江德湾，我父亲也自报家门，又见他枪法非凡，便询问他是否认识刘德宽老师。大汉哈哈一笑："正是家师！"

父亲便和江德湾说起来意，并将写给刘德宽的介绍信转交给他。江德湾非常高兴，他对我父亲说："师父虽然已经去世了，但是他的事就是我的事，你来找他，就等于来找我。"便邀请我父亲去他的住处小住几天。

我父亲记得左东君师父的嘱咐，提出要向江德湾学习六合枪法，江德湾也欣然答应，将枪法倾囊相授。

刘德宽所传的六合枪，乃是融合了六种著名的枪法而形成。这六种枪法，根据江德湾的介绍，是古代著名的武将杨、高、沙、马、

杨启伟(左)、张朝灵(右)演练双刀进枪

苏鹭建演练六合枪

罗、刘六家,而以杨家枪法为正宗,传于宋朝李全的妻子杨氏。六合枪法拦拿折叠,虚实变幻,高深莫测,历来为武林所推崇。

六合枪的用法有六种:一截、二进、三拦、四缠、五拿、六直,而以"中平枪"为根,具体练法即"拦、拿、扎"三种。我父亲的沧州方言叫"掤、拨、扎"。

在武术界,要练好通背拳都是要学习枪术的,因为通背拳放长击远的特点与枪法的要诀相通,练习枪术可以更好地掌握通背拳的发劲。因此,我父亲在与左东君习武时,已经练习过通背枪术,再习练六合枪一点就通、一学就精,几天就将六合枪学了个七八成。剩下的那二三成,却是需要功夫的积累,急不得的。

解放后,父亲教我们师兄弟练六合枪的时候,要求我们每天要扎三百枪,即练习三百次的掤、拨、扎。在他的教导下,我们通背武术社参加各种比赛,必然包揽枪术的前几个名次,施载煌师兄更有"安徽一条枪"的雅号。而他自己几十年来更是爱枪如命,勤练不辍,套路与实战功夫都很精湛。

著名文史学家何丙仲,早年随我父亲练武。他在鼓浪屿申报联合国非物质文化遗产期间,接受报纸采访,介绍鼓浪屿历史名人的时候说,有一次他看见师傅在做示范的时候,"长矛在他手中疾如闪电,腾上扑下,竟然很准确地把地上乱滚的黄豆逐个击碎,大家都看呆了"。这就是武林中闻名的绝技"枪扎滚豆之力"。

而根据记载,刘德宽的枪法更是出神入化,传说能一枪扎中窗户纸上的苍蝇,而窗户纸却丝毫无损。

赵鑫洲介绍入镖局

过了几天,江德湾联系他的师兄赵鑫洲给我父亲在永盛镖局找了个镖师的职务,便带我父亲入了镖局。

说起赵鑫洲,还有段故事。赵鑫洲十几岁时便拜刘德宽为师。每次去刘德宽家学习都要经过一座破旧的城隍庙,庙里住着一个乞丐。有一次,赵鑫洲听到里面传来木杖敲击地面的声音,偷偷从墙洞看去,原来是乞丐在持杖练武。赵鑫洲稚气未脱,拾起石头扔了进去,然后拔足就跑,乞丐出来查看,赵鑫洲已经跑得不见踪影。第二天,乞丐又在庙里舞杖,赵鑫洲又重施故技,俯身要拾起石头,却被人从后面提着脖子抓了起来,回头一看,正是那个乞丐。赵鑫洲挣脱不了,只好求饶。乞丐说:"我练我的功夫,跟你有什么关系?为什么扔石头砸我?"赵鑫洲定下心来说:"你这乞丐,都顾不上肚子了,还有闲情练武。我看着好玩,投块石头吓你一吓,并不是成心砸你。"乞丐感慨地说:"我原来是练武术的,为了练功耗尽了家财,这才不得已为丐,你个小孩知道什么?"赵鑫洲笑嘻嘻地说:"想不到你还是一个武术老师,实在是很失敬,看来你的功夫和我师父刘德宽差不多。"乞丐见他飞扬跳脱,是个习武的材料,又说:"你既然是刘德宽的弟子,我们也算是有缘,我这套棍法暗含枪法,我把这棍法传给你,对你的六合枪法也有帮助,你可愿意?"赵鑫洲大喜点头。他和乞丐学了一个月,尽得精髓。后来再去,乞丐却已经离庙远去,算是一桩奇事。

这故事,不是听我父亲说的,而是武术大师万籁声先生在他的回忆录中所叙述的。赵鑫洲后来结束了镖局的生涯,到北京国立农业大学任体育教师。万籁声考入国立农业大学森林系后,听说赵鑫洲的大名,特去登门拜访,投师学艺。赵鑫洲见他心诚,且有武术根基,欣然收为弟子,传授少林六合门功夫。万籁声随赵鑫洲学艺六载,掌握了少林六合门外功,张三丰原式太极拳及刀、枪、剑、戟等器械。后来我父亲来到厦门,解放后被聘任为福建省武术队总教练,与定居福州的万籁声一起为福建武术打出一片天空,两人惺惺相惜,传为武林佳话,后面的章节再做介绍。

镖局往事

我师兄洪敦耕先生熟悉江湖掌故，著作等身，在他的著作《武林琐谈》里介绍了镖师这个行业。

江湖道中的保镖行业，创始于明末崇祯年间，盛行于清代康熙、雍正、乾隆三朝，而至清末，自西洋火器传入中国，此行业遂由式微而没落。

"南七北六，走镖十三省"之说，系武林中人的口头语。事实上，镖行均集中于华北与关中一带。开镖行（局）的老板，北方人称为"掌柜的"。镖师又称镖客，是镖局的骨干，专门负责护送人货安全的。干这一行，是卖命的行业，非自信武功高超，有防身克敌的能力，不敢投身镖局。镖局聘用镖师，也必然清楚他有多大的本领，才加以任用。另有别于镖师的"杂工"，包括驾车、跑腿、喂牲口、洗车、包装货物、收拾行李等等，非身强力壮者难以胜任，称为"趟子手"。也都练过武功，只是火候差了一等，只能算是镖师们的助手而已。

镖师对自己的招牌（字号）最重视，悬挂招牌之时，仪式十分隆重，所谓"招牌响亮，黄金万两"。外出走镖，则用镖旗，是湘绣或京绣精工制成的。如途中丢了镖，叫"卷旗号"或"砸招牌"，是镖局的奇耻大辱。客户到镖局托运货物，办过手续，叫"接镖"或"定盘"。镖车一出大门，叫"起镖"或"顺风"。安全到达目的地，叫"收盘"或"平安"。在途中开路叫口号是"喊镖"。开镖局时，全靠"上路"，熟悉江湖门径，所谓靠"盘子"（面子）吃饭。镖师们不止要真材实料，更要靠黑白两道交情，才能吃得开、兜得转，"大家混一碗苦饭吃"。故"镖旗"所到之处,十九平安无事,当镖师显得八面威风,十分过瘾。但如果遇到劫镖,镖师就必须拼命护镖,不可贪生怕死,故有"镖在命在,镖失人亡"的行规。镖师视"镖"比个人生命还重要,因吃这行饭,"招牌荣誉"高于一切,这是镖师的职业道德。如镖师护镖重伤,只要他没有逃走,镖局会给予"平安钱"或"安家费",直至康复为止。因公殉职则负责治丧,给予死者家属"抚恤金",有子女者,负责到男婚女嫁为止,充满人情味与江湖义气。是以镖师都乐意为镖局卖命。

镖局的收益,主要靠"保镖费",行话叫"平安彩"。依行情,是抽"镖银"总值百分之二十左右,再看到达目的地的路程远近,沿途好走或难走而增减。如是成名镖局,收入相当可观。但需付出镖师等职工的月薪、花红。经营亦非易事。

镖局到了民国初年,基本已成陈迹,代之而起的是保险公司,此乃时代蜕变不可避免的结果。

清末民国初期,三个因素导致了镖局的衰败。一个是票号,也就是早期银行的兴起,让生意人不必再把成箱的银两打包运输,只要一张银票,就能在各地提取现银;其次是现代交通工具的兴起,光绪二年(1876年)英国人修建了中国第一条铁路——淞沪铁路,其后唐胥铁路、京张铁路相继开通,镖局的主营业务——陆路押运逐渐无人问津;另外,热兵器的兴起,使得镖师的冷兵器失去了技术上的优势,运镖的风险大增,同时江湖传统秩序也逐渐瓦解,镖局失去了存在的土壤。

因此,我父亲进的永盛镖局,实际上已经过了它的鼎盛时期,只是在勉力维持,没过几年也就倒掉了。不过,在镖局的那几年,却是我父亲在外打拼的那些年里所罕见的、比较长时间的稳定生活,虽然薪资不高,生活清苦,但在镖局里与镖师们切磋武艺、互相学习，或在外地走镖，见识地方的风土人情，对于初出茅庐的我父亲来说，一切都是那么新鲜、那么难忘。

寻镖

解放后，我父亲给小时候的我讲他以前的故事，对于参军抗日的那段历史并不多讲，只是在夜深人静的时候才偶尔提到。对于镖局的往事，他讲得最多，也最生动。印象最深的有这么几件。

有一回，永盛镖局护送一笔银圆到北京。护送镖银的镖师，认为这条镖路是经常往来的通衢大道，只是例行公事而已，逐渐放松了警惕。那是一个大夏天，他们路经北京郊外一个茶寮，禁不住老板娘热情的招呼，镖师们虽不敢饮酒，却买了几壶凉水，痛快喝下。不料竟沉沉睡去，醒来时，镖银已经不见踪影，而店里的老板、伙计也都不知去向。镖师只得将情况报告镖局，请求派人支援。

总镖头听说失了镖，大吃一惊。赶忙加派了我父亲等几个镖师过去帮忙，同时也邀请江德湾和几位本地知名武师一同前往，赵鑫洲也从北京赶去帮忙。

我父亲他们一行人风尘仆仆赶到北京郊外的时候，镖局已经通过江湖线索打听到了劫匪的来历，原来是附近乡村里的一伙劫匪。他们又赶到村庄，却已人去楼空。

这个时候就可以看出一个镖局的实力了，永盛镖局发动天津、北京两地的人脉，打听到劫匪的武术师承，再从他们的师兄弟入手进行排查，很快就发现劫匪躲回到天津郊外山上的一个偏僻村庄里暂避风头。镖局派了个擅长侦查的镖师去摸了情况，发现劫匪有二十多人，没有携带热兵器，便决定先不报官处理，以免坏了镖局的名声。于是，七八个镖师加上外面邀请来助拳的江德湾、赵鑫洲等武林人士十几人，带上兵器，埋伏到了村庄的外围。

半夜，一行人悄悄地进入村庄，把劫匪的住处围了起来。一个手脚灵便的镖师爬上屋顶，揭开瓦片偷偷观察里面的动静。发现有五人在屋前值守，其余数人在后面的房间里睡觉。大家合计了一下，认为屋内狭窄，不利于长兵器的使用，决定先解决放哨的劫匪，然后由擅长三节棍的我父亲和使单刀的几位好汉冲入房内，将劫匪击倒或逼出来，再由江德湾和赵鑫洲等持长枪、苗刀在外面将逃窜出来的劫匪拦下。

镖师长年行走江湖，不乏奇士能人。一位镖师模仿出野鸡的咕咕声，一下子就勾起了放哨劫匪的馋虫，三个劫匪围了过来，想要打一顿牙祭。我父亲从树林里冲了出来，一个通背铁扇掌撞在其中一个劫匪的太阳穴上，当场就把他打晕了过去。其他镖师也如法炮制，解决了这三位劫匪。另外两位匪徒要大声示警，早被摸到他们身后的镖师放倒。

我父亲和其他几位好汉冲进屋内，劫匪们这才反应过来，他们鸡飞狗跳，乱作一团，仓皇寻找兵器顽抗。我父亲奋勇当先，一手握住三节棍的一节，将三节棍当作两根短棍来使用，一下子就抽晕了一个劫匪。另一劫匪冲了过来，我父亲一个歇步下蹲，左手棍子架住他的手，右手的棍子顺势挥出，一下子就抽到那人的膝盖，劫匪当场就瘫倒了。有个劫匪十分警觉，睡觉的时候，单刀就放在被窝边，镖师们冲进去的时候，他装作在睡觉，突然一个懒驴打滚跃了起来，单刀径直劈向一个镖师，没想到那个镖师将头一偏闪过刀锋，同时一个箭步冲上前去，擒住劫匪的手腕，一拧腰做了个背胯的动作，将那个劫匪从背上甩了出去。我父亲见他动作如此矫健，心里十分佩服。

劫匪见镖师们来势汹汹，不敢恋战。有七八人夺门而逃。早被守在门口的江德湾、赵鑫洲几人拦住，他们的枪法在开阔的地带占尽了上风，几个拦拿扎过去，劫匪的腿上多了几个血窟窿，寸步难行。另一位手持苗刀的武林人士更是凶猛,他的苗刀又长又细,挥舞起来,斜劈直刺,方圆三丈之内根本无从抵挡,劫匪无奈,纷纷束手就擒。

镖师们将劫匪都绑起来,又在屋内找出被劫走的镖银。最后将劫匪交给官府,这才了结这桩事件。

水路遇险

还有一件事也十分惊险,听这个故事的时候,虽然父亲好端端的就在眼前,可是年少的我却总忍不住为他捏一把冷汗。

那是一个冬天,我父亲押着一艘镖船顺着大运河南下,因为货物金额不大,镖局只派了我父亲和另一个镖师押镖。夜晚停泊在一个小镇边,另一个镖师上岸解手。寒风呼呼地吹着,我父亲躲在船舱里,和船老大喝着热茶,突然听到外面传来沉重的脚步声,抬头望去,有个黑衣人踏上了船头说是来找朋友的。我父亲报上镖号,并示意让他看船头的永盛镖旗,表示里面没有他要找的人。黑衣人边说着,边偷偷观察船舱里的货物,他往我父亲背后一指,说:"那个是什么?"我父亲那时已走了一年的镖了,算是积累一定的经验了,哪里会被他骗过。他平静地看着那人,那人恼羞成怒,指头收回变成拳头,呼的一声,朝我父亲的面门击打过来。我父亲把头稍微一闪,顺势抓住他的手肘,往后一别,身体再一靠,黑衣人飞出数米,扑通一声,掉进了河里。北方冬天的河水那个冷啊,他在河里拼命地划水,往岸边游去,费了好大劲才在远方上了岸。

这时候上岸的镖师也回来了,两人商量了一下,觉得此地不可久留,吩咐船老大立刻解开缆绳,顺流而下。

船又走了几十里,眼看天已经蒙蒙亮了。经过一个河道转弯处,一艘小船横在河面上,镖船小心翼翼地要从旁边绕过,旁边的芦苇丛里突然急驶出两条小船,把镖船夹住,动弹不得。三艘船上七八个人站了起来,其中就有刚才那个黑衣人。黑衣人大喊一声:"把货物和那个小伙子留下,其他无关人等可以离开。"好在另一个镖师也不是贪生怕死之徒,我父亲和他手提单刀并肩而立,面对劫匪的进攻。

毕竟都是武林高手,而且船板狭窄,劫匪很难一拥而上寻找机会,两人沉着应对,劫匪一时半会儿也找不到机会。眼见天快全亮了,远处渐渐出现了过往的船只,劫匪无奈,退回各自船上。黑衣人十分不甘心,提出要和我父亲比画一下再行离开。我父亲答应了,但要他们把船退出几米外,并在镖船上比试。黑衣人提着把刀,跳到船上,恨恨地盯着我父亲,他舞了个刀花,冲了过来,我父亲提刀往上一磕,荡开他的刀锋,又贴着后背划了圆,急迅地砍向黑衣人的手臂,正是一招"藏头裹脑",黑衣人往后一退,我父亲进步向前,一招"推窗望月",便要再把他推下船去。黑衣人一半身子在船外,两手乱抓,刚好抓住船老大的船桨,稳住了身子。他一发狠,另一只手抓住我父亲的衣襟,松开了抓住船桨的手,往后一蹬,带着我父亲一起落到水里。原来北方人大多不熟水性,黑衣人要用这招把我父亲溺毙在河里。

黑衣人长年在水上谋生,泳技非凡,一入水就迅速地蹬了我父亲一脚,把他踹向河底,然后飞快地爬到他的船上,看水下都没有动静,想必我父亲已经沉入河底,又见有远处大船驶来,不敢再耽搁下去,三艘船摇橹而返。船上的镖师紧张地盯着父亲掉下去的地方,好久不见他上来,急忙边脱棉衣棉裤,边招呼船老大下去救人,却听得身后"哗啦"一声,我父亲从河里跳了上来。

我没见过父亲游泳,在冬天那么寒冷的河里,他是怎么逃生的呢?父亲后来说:"事到临头胆要壮,我虽然不熟水性,掉下去的瞬间也很慌张,可是我马上冷静下来,闭了口气,认准镖船的方向,用力一蹬，就到了船底，我摸着船底，借力往前再一摸，刚好摸到船的另一侧的突起，就这么把头探出水面，在那边又等了一会儿，估计他们也该离开了，这才跳上船来。"

毕竟是大冬天的，我父亲回到镖局，也病了几天。后来听总镖头说，这还算是他们福大命大，冬天河水快要结冰，劫匪不愿意下水。不然他们在船底给凿几个窟窿，那可真是死无葬身之地了。

苗刀

我父亲在天津举目无亲，吃住都在镖局里。和镖师们相熟了，平日里就与他们练武为戏。他没有其他的嗜好，但有新奇的武术，总是想学个究竟，再加上他为人淳朴，勤快热心，常常帮别的镖师办些杂事，所以镖师们也愿意将自己的绝活教几手给他。当然他也常常将自己拿手的东西教给别人，按照武林的说法，这叫"换艺"。在镖局里他又学会了大洪拳、小洪拳、戳腿等功夫。

话说他上回随着大伙寻回镖银的时候，看到镖师们各有所长，默默记在心里。回到镖局的时候，便主动跟他们学习。其中一个镖师，擅长苗刀，也是通背劈挂门的弟子，与我父亲同辈，我父亲向他学习了苗刀。

苗刀据说源自唐代皇家御林军的横刀，后来在中国逐渐失传。到了明代中期，为了抗击倭寇，压制日本的长刀，戚继光和民间的武术家们重新设计了"御林军刀"，它刀身长达五尺，兼有刀、枪两种兵器的特点，且可单、双手变换使用，临阵杀敌，威力极大。到了清朝末期，由于这种双手刀法放长击远、矫健多变的特色与通背劈挂拳的拳理相吻合，因此在通背劈挂拳门中广泛流传，经过几代通背劈挂拳门人的不断改良，形成了具有鲜明特色的双手刀法。民国的时候，沧州通背劈挂门名家刘玉春在北洋军阀曹锟的军中传授这种刀法，并将这类长度 120 厘米以上，刀身形似禾苗的刀统称为苗刀。

经过改良后的苗刀在临敌运用时，辗转连击、疾速凌历、刀随人转、势如破竹，杀伤威力极大，非一般兵器可抵挡。后来，我父亲在西北军大刀队当教练的时候，将苗刀刀法融入进去，训练出一大批英勇善战的士兵。

张朝灵演练通背苗刀

中国式摔跤

另一个擅长摔跤的镖师是个旗人，祖父和父亲据说都是清廷"善扑营"里的教头，他自幼练习跤术，镖局里的人与他摔跤，都不是他的一合之将。

中国跤术历史非常悠久，早在原始社会就已经产生了。战国时代叫角抵，对抗的双方除了用手对搏外，还要用头互顶。秦统一全国后，销毁兵器，禁止民间舞刀弄枪，只把角抵作为一项流行的娱乐活动。《史记·李斯传》记载，秦二世"在甘泉宫，方为角抵俳优之观……"说秦二世胡亥爱看角抵，他在甘泉宫中欣赏角抵时，谁也别想来打扰,哪怕丞相李斯有重要的国事求见,也要吃个闭门羹。

《晋书·文苑》里记载,晋武帝司马炎时,有一个西域的胡人来到中国,他擅长摔跤,中原的武士都摔不过他。晋武帝大概认为有损国体,便四处招募摔跤勇士,结果找到了一个叫庾东的力士,他与西域胡人对阵,摔死了这个胡人,声名大振。

南北朝的时候,南朝的梁武帝和北朝北齐文宣帝的卫队里都有角抵队。北齐后主高纬听说他的弟弟南阳王高绰要造反,就让他养的胡人跤手何猥萨与高绰比试摔跤,然后趁他不备,以跤法将高绰扼死。

唐宋时期摔跤又称相扑,是宫廷、军队中的主要游戏之一,安禄山擅长摔跤,七八岁的时候与成年人较量也毫无惧色。然而,那时的相扑不只要求摔跤技法高超,还要求选手身材肥胖,粗胳膊、大肚子,这些在战争中并不适用,也不符合中国人的审美观点,因此这一形式的摔跤慢慢地就在中国消失了,倒是当时来长安求学的日本遣唐使将这一技法带回日本,成了他们的国技。

在宋代有专门表演摔跤的民间组织"角抵社",当时的市民喜爱看相扑比赛,《水浒传》中描写燕青和任原在泰山庙会上进行相扑比赛时,台下的观众有"数万香官,两边排得似鱼鳞一般,廊庑屋脊上都坐满了",又精彩地描写了燕青与任原摔跤的过程。

清朝初期,满族流行"布库"的摔跤游戏,专门选拔八旗子弟组成了"善扑处"。康熙皇帝亲政后,鳌拜势力过大,成为康熙通往权力顶峰道路上的一块绊脚石。为了维护与集中皇权,康熙手里急需一支能剪除乱党的劲旅,可当时侍卫内大臣等多重军廷要职都是由鳌拜来兼领,所以康熙只好找来一支由少年组成的队伍,并以在宫内陪皇帝练习"布库"的名义来掩人耳目。鳌拜戎马一生,自然不把这些小孩子的把戏放在心上。康熙八年(1669年)五月,正是由这群少年组成的生力军,在武英殿内将鳌拜擒获。摔跤在巩固清王朝的统治中算是立了大功,康熙于是将其规模扩大,改名为"善扑营",由王公贵族轮流兼管事务,是清政府一只特殊的近卫军,跤手和教练都是终身职业。辛亥革命后,"善扑营"被解散了,跤手们有的组织私人的摔跤场收徒授艺,有的到镖局、军队谋生。

民国时期,天津摔跤运动十分兴盛、高手云集,有"四大张、一大王"之称,分别是张魁元、张连生、张鸿玉、张鹤年、王海兆五位著名的跤手。天津的摔跤流派适合实战,动作泼辣实用,技术全面,每个人都有绝活。双方对摔,讲究"快跤",两人见面用手互相一晃对方,瞅准机会一近身就出招下绊,吃招的对方一不留神就被绊倒在地,靠的是技术而不是力量。

中国武术的实战打法讲究"远踢、近打、靠身摔",我父亲自幼练习通背拳,远踢和近打的技能纯熟,如果再学会靠身的摔跤,那就弥补了技击中重要的一环,所以他的习练摔跤的心愿十分的迫切。镖师同意教他,不过他说:"我的摔跤还不算顶好的,我的师兄在附近开了间摔跤的把式房,他的功夫还胜我十倍,据说与北京城大名鼎鼎的沈三有过一次较量,不分上下。既然要学,我就带你去找他。"

那时节镖局生意日渐清淡,事情不多,我父亲就和镖师到他师兄的把式房拜访。

跤场争雄

在天津,武术被称为"把式",武馆通常被称为"把式房"(后来,我父亲在厦门通背武术社的地下室也专门设置了一间把式房,用来单独传授一些技击技巧)。民间的把式房往往设在师傅家的庭院里,一般招收三五十个徒弟,根据入学时间的早晚分为不同的小组,徒弟之间也是师兄师弟的称呼。

到了把式房里，我父亲拜见了镖师的师兄（由于年代久远，我已经忘了他的姓名），是个四十多岁的汉子。他见我父亲诚心学习，人也长得高大，是个练习摔跤的料子，便一口答应下来。此后两年，只要没有外出押镖，我父亲必定早晨5点多起床，跑到把式房里习练摔跤。跳蹦子、拉擦儿、钻子脚、蛙跳、熊跪、摇膀、踢空、抢手、撕手一系列基本功，推子、拧子、石锁、皮条子、扔沙袋、踢桩子、霸王砖等一系列器械都要逐一训练。特别是地面结了冰，冻住了，人还要一直往地上摔，真是彻骨的疼。

中国式摔跤讲究上、中、下三盘合拢，先要练熟基本功。上盘：支、横、盖、涮；中盘：崴、拽、走、胯、入；下盘：抽、踢、盘、跪、过。中国式的摔跤与传统武术不同，武术注重套路练习，而摔跤没有套路可言，全凭随机应变，使出各种"绊子"，而"绊子"是不计其数的，"大绊三千六，小绊多如毛"。实际上没有人能精通所有绊子，而是要练就一两下绝活。比如我父亲就擅长"背胯"，在他的一生中，凭借"背胯"这一绝技多次化险为夷、战胜对手。当然，还是要尽量掌握各种绊子，一方面丰富自己的进攻手段，另一方面也能从中熟悉破解的办法。

练摔跤的过程满满的都是血汗，可后来我父亲和我说起这段往事的时候，笑嘻嘻地，一脸怀念的样子。后来在通背武术社，专门跟他学习摔跤的并不多，只有郑高能、黄传勋等几个人，跟学摔跤辛苦又单调有一定的关系。

学了两年，凭着扎实的武术功底和水滴石穿的韧性，我父亲的摔跤功夫突飞猛进，成了那一带把式房里闻名的摔跤手。与镖局里的那个镖师比试，也不落下风。他的师父十分满意，刚好那时天津的中华武士会组织了一场摔跤选拔赛，便给他报了名，期望他能为把式房争光。

我父亲也不负所望，一路过关斩将，杀到了决赛。后来，父亲

二十世纪六十年代通背武术社弟子练习背胯

回忆说，当时他才练了两年摔跤，论功底终究还是比不上摔跤老手，但是他从小习武，又在镖局积累了丰富的实战经验，凭着年轻人的一股子血气，这才连克强敌，走到了最后。但是决赛的对手，却是蝉联了三届的跤王，大家都认为他是万万摔不赢的，就连他的师父也委婉地告诉他已经达成了既定的目标，决赛要保护好自己，不要受伤。

可是以我父亲那时年轻人的心性，哪里肯轻易服输。大家不看好他，他也不说豪言壮语，只是憋了口气，准备在赛场上证明自己。

到了比赛那天，我父亲站上赛场，打量了对面的跤王，此人膀大腰圆，身高190厘米以上，肌肉很发达，据说可以连续单手上举80公斤的石锁。我父亲虽然身材还算魁梧却也比他矮了半个头。

上场后双方握手致意，随后摆开了架势。跤王一伸手就要抓住我父亲的衣襟，我父亲知道力量不如他，哪能让他抓到。他展开摔跤"划勾挂"的身法，像泥鳅一样，灵活地左腾右闪，消耗跤王的体力，也伺机进攻。武林谚语说得好"高怕搂腰矮怕䯖，胖子怕转瘦怕刁"，跤王连转了七八次，开始有点气喘，身子也不大灵便了。但他毕竟身经百战，对付这种战术也有着丰富的经验。终于，趁着我父亲闪躲到赛场边角，他奋力冲了过去，我父亲正要闪躲，却被他抓住了胳膊，一把抓了过来，想要来个"过背摔"将他摔出去。我父亲使了个"金蝉脱壳"，抓住跤王的一只胳膊，让他难以发力，同时把一只脚插入他的两脚间，趁他换气的时候，一个小绊子将跤王绊倒在地。

跤王往前一滚，顺势爬了起来，挡住我父亲后续的进攻。我父亲看他的体力已经被消耗得差不多了，不再闪躲，正面迎了上去。跤王急步向前，右手抓了过来，我父亲用左手走里圈沾上对方的胳膊向下拧劲，右手也走里圈，化开跤王伸来的左手向上翻起，同时右脚勾住跤王的右脚，身子前一靠，跤王赶忙顶住，却被我父亲脱开右手，一把抓住对方的左手，身子下沉转身一拧，一个漂亮的"过肩摔"将跤王甩到台边。跤王半晌爬不起来，无奈低头认输。

中华武士会

父亲获得了摔跤选拔赛的冠军，中华武士会的会长李星阶亲自给他颁奖，并邀请他加入中华武士会。我父亲平日对中华武士会也有所耳闻，知道是个爱国的武术组织，就一口答应了下来。

赛后，李星阶给我父亲介绍了中华武士会的情况。

辛亥革命后，民国成立，孙中山倡导尚武精神振兴国家，民间尚武之风更是蔚然而起，国术也迅速复兴。李存义、马凤图等武术名家决定在原来的基础上发起全国性的武术组织——中华武士会。根据《天津记忆——净业国技研究社》记载："1912年9月，在天津中山公园举行中华武士会成立仪式和武士会传习所开学典礼。该会是在华北中国同盟会倡导下,由爱国人士叶云表、马凤图发起。叶云表任第一任会长,有李瑞东、李存义、李书文等当时京津冀武术名家任教。该会以团结武术同道,提倡中华武术,振奋民族精神为宗旨。"

天津中华武士会是中国历史上成立最早、影响最大、最能够代表中国民间武术发展的进步组织。在社会各界爱国人士的支持下,中华武士会蓬勃发展,各大学校纷纷到武士会聘请教员,中华武士会的武术教学活动扩大到全国。

同时中华武士会也在和外国的交流、竞技中,宣扬了中华武术,扑灭了外国武者嚣张的气焰。1913年,中华武士会第二任会长叶云表在日本成立了中华武士会东京分会,传授中国留学生武术。来自中国的各种绝技让日本武士感受到中国武术的深邃,于是日本武士专门举办了一场赛武会,想要抑制中华武术的威望。李存义的弟子郝恩光登台展示形意拳技艺,日本武士登台打擂,都被他一一击败,大长了中华武术的威风。郝恩光归国时,受到国人的热烈欢迎。

1918年9月,俄国大力士康泰尔自称与同伴周游欧美46国从无败绩,在北京召开万国赛武大会设擂比武。中华武士会在李存义的带领下赶赴北京应战,韩慕侠等人的绝技慑服了康泰尔等人,他不敢上台比试,灰溜溜地将11块金牌献给了中华武士会。会后,北京的《顺天时报》、天津的《大公报》等以"中华武士会赛武大会之详志"为题,刊发详细报道。

加入中华武士会后,我父亲在闲暇时间,经常参加他们组织的活动。后来,在某次中华武士会的集会上,我父亲还结识了当时的一个军阀——马良。初次见面,马良非常热情,不像是手握兵权的军阀,更像是不拘礼节的武林大豪。他身材高大,广鬓虬髯,顾盼之间颇为英武，言语间以兄弟相称，没有一般军阀的颐指气使的习气。我父亲不清楚他的来历，但见他折节下交，便也坦诚相待。马良询问了我父亲的情况，告诉我父亲若到济南可去找他，他很欢迎我父亲这样的武林高手，言下颇有招揽之意。我父亲当时不想远行，所以没有答应他。

后来我父亲询问李星阶等人，弄清了马良的来历。

马良出身北洋新军，自幼习武，曾拜摔跤名师平敬一为师，其部属多为回族。1912年，马良任中央陆军第五师第九旅旅长。后调任山东第四十七混成旅旅长，1916年升济南镇守使。1917年，中国参加第一次世界大战，对德、奥宣战，马良任参战军第二师师长。1919年，战争结束，改编为西北边防军第二师师长，仍驻山东。

民国九年（1920年），段祺瑞发动西北边防军参加直皖战争，自任定国军总司令，马良为南路指挥，占据德州。皖系大败，段祺瑞下野，马良也遭免职，闲居济南，著《中华新武术》。

那时马良已经从军队退了下来，只是他不甘就此蛰伏，热心于中国武术事业，编写了一套《中华新武术》，同时广招武林英豪，仍有东山再起之意。平日里的服装、行事作风仍保留了军队的传统。

中日赛武会

2009年2月，沧州市成立"通背劈挂拳研究会"，我和厦门的师兄弟应邀参加。会后，有个当地的老者讲述了我父亲的一段往事，这位老人的长辈和我父亲是同乡，当年又同在茂源商栈护镖。

那是1923年的春天，永盛镖局生意惨淡，终于倒闭了，经尹玉芝介绍，我父亲刚转到茂源商栈担任镖师。有一次，中华武士会举办中日赛武会，李星阶邀请我父亲参加了一场比赛。

赛会的地点,在天津一个富商的宅院里,后院有个大戏台,双方的比试就在戏台上。我父亲和他的同乡赶到的时候,中日双方武林的人士已经在台下落座了,人数却不很多,也没有记者到场,原来日方深知中华武士会藏龙卧虎,害怕再一次遭到惨败,因此,要求不对外开放,也不邀请记者,只当是双方的内部交流。

然而,中日双方历史累积的仇恨注定了这不可能是一场简单的友谊赛。

比赛前两场的较量,中方轻松地获胜了。

第三场比赛日方势在必得,也正好是他们拿手的项目——器械对决。日方代表一上场,台下的观众都笑了。原来上场的是一个小个子,身高不过一米五几,留着人丹胡子,却斜挂着一长一短两把刀,那把太刀都几乎有他一人高了。与他对阵的就是我父亲。两人相对行礼后,各自站定。日本人并不抽刀,只是把双手按在刀把上,蹲低了身子。

我父亲两手各持住三节棍的两端,脚下站了个虚步,重心靠后,又往后退了一步,看起来像是要拉开与日本武士的距离。裁判一声"开始",日本武士踏前一步,双手一拉,太刀便要夺鞘而出。不料,我父亲却不后退,他后腿一蹬,一个矮溜步蹿到了日本武士的跟前,一棍劈向他的面门。日本武士猝不及防,在短距离内抽不出长刀,只好往后一退,身子一弓,太刀勉强出了鞘,却失去了上一回的速度。我父亲右手屈起短棍,夹住太刀,再一绞,就把太刀挂飞了。日本武士太刀一被绞飞,马上左手出拳拉开距离,右手便要抽出胸前的短刀,我父亲果断丢下三节棍,左手一掌劈向日本武士的头顶,武士往左一闪,胸前的短刀刚一出鞘,我父亲左掌往上一挂,将短刀击飞,紧接着右掌劈下,再一个大转身,右掌如鞭梢一般画个大圆从天而降,左掌再一劈,正是通背劈挂门压箱底的绝技"五雷轰顶"。第五下却没有劈下去,原来,日本人连退四五步,一脚踏空,从台上摔了下去。

赛后,我父亲对同乡说,比赛的台子范围太小了,前面又有两个廊柱,不利于三节棍的放长击远,日本人出刀确实非常快,刀子又非常锋锐,如果被日本人抢攻上来,木棍根本挡不住刀锋,所以他冒险一搏,阻挡他的出刀,果然取得成功。说得虽然轻松,却是他那几年里在镖行里出生入死积累下来的经验。

茂源商栈

我父亲到茂源商栈是经尹玉芝介绍的。当时尹玉芝在天津开武馆,认识我父亲后,对这个小师弟多有照顾,为我父亲介绍了茂源商栈的工作。

茂源商栈的业务是运输货物,当时社会混乱,因此还需要有人随行护送,算是和以前的镖局差不多。但是毕竟不是以前的镖局了,因为它并不需要那么多的镖师,同时护送的人员之间没有镖局间生死与共的关系,商栈对于护送人员的伤残也没有传统镖局养老送终的义务。天下没有不散的筵席,镖局退出中国历史的舞台,这是时代的变迁,非人力所能阻挡。

荀青云先生所撰《武林英豪孙振寰》记述了我父亲在茂源商栈的一件往事。

有一次,孙振寰护送货物路经雄县,见两个壮汉正在殴打一个老翁,就上前劝解,不料,一个壮汉跃起大骂:"你小子少管闲事,不然的话,我拳头动一下,你也是如此下场!"孙振寰并不让步,说:"你有什么能耐,敢口出狂言?"壮汉大怒,举拳向孙振寰下腹击去。孙振寰不慌不忙,用手拦住,一招"小鬼叫门",只在壮汉脑门上轻轻一拍,壮汉登时头晕目眩,立脚不住。这时,另一个壮汉急跑来支援,孙振寰用"岳武双推掌"推前一壮汉撞去,两人双双倒在地上。两人自知不是对手,赶忙爬起,狼狈逃去,围观的人无不拍手称快。此时老翁对孙振寰说:"壮士,你要赶紧离开,他们在此地极有权势,党羽很多,一会儿就会来报复的,我不能连累你。"孙振寰道:"感谢你的好意,事已至此,逃也没用,我在这里等他们,你赶快离去。"

不到十分钟,两个壮汉果然率领十多人,各持刀棒,飞奔而来,把孙振寰团团围住。孙振寰眼观六路,耳听八方,一壮汉从侧面抡起木棍向他拦腰扫来,他将身一闪,突然抢入壮汉怀中,左手接着木棍。右手当胸就是一拳,这一拳叫"黑虎掏心",那壮汉被打出一丈开外,木棍早到了孙振寰的手中,他抄起木棍,左拦右扫,横劈直打,又一连击倒几个,众汉见状,大惊失色,作鸟兽状,一哄而散。

告别天津

1925年的夏天,发生了一件事,让我父亲告别了在天津护镖的生涯。据他说,起因是他行侠仗义在天津打了一个恶霸的儿子,为了避祸,不得已离开了天津。周宝忠先生在《神武豪侠孙振寰》里描述了这件事,传奇色彩比较浓厚:

当时的天津卫,是富人的天堂,穷人的地狱。三教九流,五花八门,地痞恶霸,纨绔子弟,狼狈为奸。青天白日,强取豪夺,奸人妻女。当时天津有个最出名的花花公子,人称"花豹子",会些拳脚,再加上其父势力,大街上一跺脚,全天津卫跟着颤。

这天孙振寰到羊二和胡同为掌柜的买东西，猛听前面传来呼救声。寻声望去，只见一个纨绔子弟正拖住一位姑娘非礼，旁边几个帮闲鼓掌喝彩。眼看姑娘的裤子就要被扒掉，孙振寰二目喷火，大吼一声冲上前去。挥起如轮铁掌，照定恶少的脊背拍去。这恶少正是臭名昭著的"花豹子"。这小子听到脑后风声，情知不好，急忙松了姑娘，撤身躲闪，紧跟着一个"靠肘"，直捣孙振寰心窝。孙振寰眼疾手快，半路化掌为棍，即"二郎担山"，铁掌兜头直奔脑门。花豹子还真有些功夫，拧身闪过，一足蹬地，窜出三四步远。孙振寰尾追而上，趁他立足未稳，上使霹雳手，下使旋风腿，"叭嚓"一声，将花豹子打了个四脚朝天，当即口鼻喷出一股鲜血来。旁边的恶奴们个个都看傻了眼，直到这时才回过神来，"啊呀"一声，急忙来救主子。孙振寰情知闯了祸，走到姑娘身边催她快走。

二人刚走出不远，忽听背后一片呐喊声。回头一看，只见一个彪形大汉手执钢刀，大踏步赶来。此人号称"震京津"，是花豹子的武术教师，后面还跟着一帮恶奴。孙振寰情知难以脱身，为了不使姑娘受牵连，催她速走，转身迎上前去。"震京津"见伤了自家主子，气急败坏，不问青红皂白，挥刀就砍。这把刀使开泼风一般凶残，疾如奔雷，快似流星，左三右四，忽上忽下，如风卷梨花，寒光闪闪，刀刀不离要害，"震京津"不愧为京津名师。

孙振寰面对强敌，临危不惧。抽出腰中的九节连环鞭，空中一抖，迎身相搏。二人各施绝技，从街心战到胡同，又从胡同斗到街心，鞭刀各施神威，打得难解难分。恶奴们见状都上前助战，有的已跑去喊警察。孙振寰一时处于被动地位。

正在相持不下的时候，人群中突然飞出一个铁丸，直奔"震京津"的面门。"震京津"猝不及防，打个正着，惨叫一声，

赵苏榕演示九节鞭

双手捂面瘫在一边。

孙振寰见有人仗义相助,感激万分,挥鞭一顿猛扫,打倒了几个恶汉。他定神往人群中望去,欲寻找那个仗义侠士,人头攒动,并不见有人出面,大概是不想正面惹上花豹子。他不敢耽搁,双手抱拳,给这位不识姓名的侠士施了一礼,抽身消失在人流中。

后来,我父亲在和我说到这件事的时候说,要是在以前的镖局,镖师大伙儿都是在一起拼命的交情,他又占了个理字,倒是不怕恶霸寻仇报复。可是在商栈,就是老板雇佣的伙计,哪里会有人保你?所以他回到商栈,简单地收拾了一下东西,辞去了工作。又跑到江德湾的住处住了几天,等到风声稍过,拜别了江德湾、尹玉芝等人,偷偷地跑回了老家。他此时走镖多年,早学会了不少江湖要诀,平时绝不轻易透露自己老家的具体地址,倒也不怕对方找来。

第三章

钢刀荡寇

回乡

我父亲回到孙八里村,父子兄弟相见,各自欢喜不已。左邻右里见他身强体壮、英气勃发,咸来相贺。没过几天,有好事者就给介绍了门亲事。祖父见我父亲也到了成家立业的年纪了,便大力促成。过了不久,我父亲成了亲。

据当地老人说,我父亲在家乡的这段时间,还发生了一件事。那一年,孙八里村与接壤的王信村因为田地纠纷起了冲突,两村械斗,王信村请了些帮会的人来帮忙,孙八里村落在了下风。刚巧我父亲回来了,村里的老人请求我父亲为村民主持公道。我父亲当然不能让村里吃亏,可是王信村是我父亲的外婆家,我父亲的几个舅舅还住在那里,也不能做得太过分,让舅舅们难堪。我父亲先说服村里的老人,让他们先停止械斗,然后单身一人,带上三节棍去了王信村。

在舅舅的引见下,我父亲见到了村里长,恳求互相让步、和睦相处。村里长听说过我父亲,知道不是软柿子可捏,不敢太过分,却也不肯轻易让步,说是请了外地这么多人来助阵,不能让他们吃亏。我父亲打量了一下那些外地人,看他们坐无坐态、站无站姿,只是嘘声恫吓,估摸着只是些流氓地痞,不足为患。便要求与外地这十几人较量,最后硬是凭着手里的三节棍将这十多人撂倒。村里长无话可说,孙八里村与王信村互相让步,达成了协议,也停止了两村间的争斗。

回家的第二天,我父亲就去小左村给左东君先生上香。原来左东君早在1920年就已经去世了。在左东君家里我父亲见到了左东君的儿子左金屏(1906—1984),左金屏平时从交往的武林人士中听到我父亲的一些事迹,对他的行事作风很是赞赏,认为给师门长脸了,见面聊不几句,便要我父亲演示功夫。我父亲将新学的武术一一展示,左金屏对他的跤技特别感兴趣,连连夸奖,并对他说:"你基础扎实,又所学甚广,要把这些融入通背拳之中,创造出属于自己的东西。"

几个师兄弟闻讯而来,相见自有一番滋味。其中一位叫左青甲的师弟后来成长为沧州传奇的武术高手。

"飞贼"左青甲

左青甲(1908—1991)

在盐山县的民间流传着不少左青甲的故事。左青甲是大左村人，1918年跟随左东君学马面拳、青龙拳、八卦掌，尤其擅长"白猿三出洞"等拳术。抗日战争开始后，他怀着满腔热血，毅然加入了中国共产党领导的游击队，凭着一身过硬的武术，铲奸除恶、屡立奇功，升任游击队的大队长。日寇贴出悬赏要拿他的人头。

有一回，日寇大扫荡，他掩护大部队撤退受了伤，被伪军抓住了，认出他就是大名鼎鼎的左青甲，把他关在炮楼的顶层，准备第二天交到县城日军的手里。

严刑拷打之后，左青甲断了几根肋骨、遍体鳞伤，身上的血肉和衣服都粘在了一起。他假装晕死过去，敌人渐渐放松了警惕。

到了半夜，左青甲睁开眼睛，发现看押他的伪军喝得酩酊大醉，他偷偷地挪动椅子，摸到了一块酒瓶的碎片，慢慢把身上绑着的绳索锯断，屏着气，从炮楼的观察口里往外望去，发现炮楼下面灯火通明，守夜的伪军有七八人，都端着枪，炮楼外面围着铁丝网，入口处还架着一挺轻机枪，想要从下面硬冲出去是不可能的。眼看天就要亮了，送到倭寇手里，肯定没有活路。左青甲估摸了一下炮楼的高度，大概有七八米。他把心一横，从醉酒的伪军身上偷了个手榴弹，又拿了个酒瓶，爬到了炮楼的顶上。

到了房顶，他观察了下周围的地形，把手里的酒瓶抛了出去。酒瓶掉在地上，发出了很大的声响。守夜的伪军，都被吓了一跳，都端了枪，抖抖索索地去查看个究竟。

趁着这个机会，左青甲从炮台的另一头一跃而下，三层楼高的炮台，嗖的一下就到了地，他翻了个滚，卸掉了下坠的力道，又迅速爬起来，往前助跑了一段，一脚蹬在一棵矮树上，奋力一跃，从一人多高的铁丝网上穿了过去。伪军听到坠地的声音，赶来察看，就见一道黑影噌地一下飞出了铁丝网，待要开枪射击，却见左青甲将手榴弹扔了过来，忙不迭地找地方躲避。左青甲趁机施展起敏捷的身法，借着起伏的地形左奔右突，不一会儿就钻到了青纱帐里消失了踪影。从此，左青甲"飞贼"的名声不胫而走。

后来，左青甲担任盐山县抗日自卫队队长、冀南大队第二支队长。据说，2017年热播的谍战剧《津门飞鹰》里面的主角燕双鹰的原型就是"飞贼"左青甲。解放后，他历任盐山县交通局局长、工业局局长等职务，我的师兄洪敦耕先生曾与他有书信往来。

马良与他的中华新武术

马良（1875—1947）

我父亲在镖局的时候，每隔一段时间便托人带些银钱回家，贴补家用。回乡后，没有了固定收入，家里的几亩薄田收成又不多，我爷爷孙安策看病还时不时需要支出，很快家里就捉襟见肘了。因此，他在家里住了大半年，便到外面再找出路。此时，他已不是当年的懵懂少年，自己谋划了一下，想起之前马良的邀请，便去了济南。这时间大概是1926年的春天。

找到马良的宅邸，马良不改军人作风，门口照例有人持械上岗。请人进去通报，不多时，只听得内院传来踢踢踏踏的跑步声，马良穿着军服、马靴，兴冲冲地就跑了出来，胡子上还残留着泡沫。原来马良胡子刮了一半，听说我父亲来了，赶忙倒屣相迎。一见到我父亲，马良笑哈哈地说，孙振寰老弟，终于把你盼来了。我父亲见他还记得自己，更如此看重，也十分感动。

我父亲向他说明来意，马良先留我父亲在府里招待了几天，白天让人带他游览济南，晚上再与他探讨武学，其乐融融。我父亲说，马良其人，颇有古代孟尝之风，门下宾客如云，每逢武林人士来访，都是笑脸相待，临走的时候还会奉上盘缠，因此江湖中有"玉麒麟"的雅号。

三天后，马良对我父亲说，给我父亲安排了两个职位供他挑选，一个是当他的卫队长，保护他的安全，另一个是到他的技术队里当教练，帮他训练新人，同时推广中华新武术。

我父亲想了一下，当了多年的镖师，也有点厌倦，又想起左东君师父叮嘱他要把通背武术发扬光大，便想先当个武术教练试试。

原来，1911年夏天，马良调往山东潍县任陆军第九协协统。山东民风尚武，马良在此招贤纳才，在军中组建了"武术队"，同时着手修订教材，并将之定名为《中华新武术》。这套教材分四科，分别是《率角科》《拳脚科》《棍术科》和《剑术科》四种。1913年，受潍县商学各界支持，马良在县商团资助下建立体育社，开始在当地各学校教授新武术。

1914年，马良升至陆军第四十七旅旅长，兼济南卫戍司令官。马良发展中华新武术的决心与举措与日俱增。他不断邀请各路武术人士，将原"武术队"扩展为"军士武术传习所"，又改名为"马良技术队"，专事各种武术的研习与培训。

马良的《中华新武术》

此后,经马良游说宣传,得到当时政府的支持。1917年,中华新武术被定为军警必学之术。1917年夏,全国中学校校长会议决议,将中华新武术列为全国各中学校的正式体操。同年秋,在第四次全国教育联合会上,通过"以中华新武术列为全国高等以上各学校之正式体操"的建议。1918年秋,经国会反复辩论表决,通过"以中华新武术定为全国正式体操"。马良署名编著的《中华新武术》,也于同年由上海商务印书馆出版。

不过,中华新武术的兵操色彩过重,内容较为单调,逐渐被淹没在历史长河里。1960年代,我父亲曾经传授过中华新武术(我父亲又叫马良拳术),由于与传统的套路有较大的区别,动作重复比较多,大家兴趣不大,没有再流传下来。现在,全中国大概已经失传了吧。兹将我父亲留下的中华新武术套路抄录于此,以备后人查阅。

(1)抱拳起式(2)撑拳运动(3)俯仰运动(4)三挺运动(5)单插反臂运动(6)前进正打(7)左打右踢雁(8)马步正打(9)拗步前打(10)挑心肘(11)回身肘(12)横肘(13)弓步撑掌(14)闪转运掌(15)虚部切掌(16)串掌(17)回身式(18)前进纵踢(19)左马步横打(20)右马步横打(21)左磨踢(22)右闪踢(23)左马步推掌(24)右磨踢(25)左闪踢(26)右斜打(27)左斜打(28)右伸踝(29)左伸踝(30)左弓步推掌(31)插步跳打(32)转身搂打(33)左马步横打(34)绞步右打(35)左马步横打(36)右马步横打(37)绞步左打(38)右马步横打(39)左马步横打(40)右马步横打(41)右弓步左推(42)转身搂推(43)左推右踢(44)落步右推(45)退步三推掌(46)转身搂推(47)左推右踢(48)落步右推(49)退步三推掌(50)前进右踹(51)前进左踹(52)右高踢(53)左高踢(54)转身抢压(55)弓步双推(56)前进正踢(57)双飞腿(58)弓步双推(59)歇步亮掌(60)右横踹(61)歇步亮掌(62)左横踹(63)挑落回身左推(64)左顺风掌(65)退步右推(66)右顺风掌(67)退步左推(68)回身右推(69)马步回头(70)弓步搂打(71)披身伏虎(72)抱拳收式

马良技术队

当天下午,马良发给我父亲一套武术服然后带着他到技术队报到了。原来1920年直皖战争,皖系大败,段祺瑞下野。马良作为皖系军队的南路指挥也被免职。不过,他虽失去了军权,却把"马良技术队"的一些骨干给拉了出来,成为他私人的一个组织,平时习练武术,需要的时候到各地宣扬推广中华新武术。当然,碰到急难的时候,技术队也是他私人的武装力量,这是当时很多下野军阀的做法。

到了技术队，那个时候刚好在练习摔跤，其中有50多位学员还有七八个教练。教练都是些保定一带比较著名的摔跤好手，因为马良本身学的就是保定的跤术。当时中国式摔跤有三大主流，分别是北平跤、天津跤、保定跤。北平跤继承了清代"善扑营"的风格，技术动作大、出场架势小，讲究以巧破千斤；天津跤动作粗野、刚猛，将速度、力量融为一体；而保定跤重视快速技术，以快打快，刚中有柔、绵里藏针。

按照武林的惯例，到哪个场所任教，当然要露上一手，让对方知道你的斤两，佩服你，才会死心塌地地跟你学习。所以马良才会让我父亲换上武术服。不过，似乎是马良之前和教练们说过我父亲的战例让他们有所忌惮，或者是那些教练自恃身份，总之是没人下场和我父亲较量。这也不奇怪，以传授武术谋生的武师轻易不会跟陌生人较量——赢了可能会结下仇怨，输了则可能会丢掉饭碗。

我父亲之前观察了学员的训练，心里有了谱，也想试一下自己的能力。他主动对马良说，可以和所有的学员比试一下。就是让五十多个学员们一个一个上来，用任何的摔跤手段对我父亲发动进攻，而我父亲也用任意的跤法破解。这算是个两全其美的办法，马良痛快地答应了。

五十几个学员排成一溜的长队，刚好横贯了整个场地，而我父亲一个人屹立在这条长龙的头部，一夫当关，挡住了它的去路。学员们用了各种绊子：大德合、小德合、背胯、快摔等，而我父亲都是轻松化解，并马上还以颜色，将他们摔得横七竖八。不过，我父亲发现这些学员练习的时间不是很长，技术上存在的差距使得摔倒他们并不困难，但是这么多人的车轮战对他的体力是个考验。所以我父亲在摔了十几个人后果断地放弃了刚猛的做法，更多地采取了小巧灵活的技术以保存体力。就这样，摔了一个又一个，眼前突然一亮,定睛一看,已经把所有人都摔过了。而我的父亲脸不红气不喘,还气定神闲地站在那里。教练们明白其中的诀窍,由衷地鼓起了掌。

通过了测试,我父亲成为马良技术队教练组的一员。后来,我父亲也和那些教练成为好友,他们互相学习,取长补短,我父亲在原来刚猛的基础上也带上了保定跤术快速、灵活的特点。

在马良技术队的这段时间,待遇是很好的。不过这段时间并不长,1927年的某月,原西北军二把手张之江,邀请马良到南京中央国术研究馆任教务处长,马良想借机传播他的中华新武术,就解散了技术队,赴南京上任了。临行前,他说冯玉祥在西安起兵,给我父亲开了一张介绍信,推荐我父亲到冯玉祥的教导队效力。还嘱咐他,等他回济南了,再来帮助训练。

鸡公山老道传秘术

告别了马良,拿着他的介绍信件,我父亲将马良赠他的盘缠和平日里省吃俭用存下的薪酬分了一大半,托在济南的老乡带回家里。他带着剩余的一些钱财,就往西安去了。当时的交通非常不发达,有的路段通了火车能舒服地坐上一阵,有的路段跟着马车、牛车颠簸、凑合过去,还有的路段是荒郊野外,只好步行了。好在我父亲艺高人胆大,一路过去,倒也平安无事。每到一个地方,他打听到当地的武术名家,便去拜访、观摩。他个性谦和礼让、以诚待人,因此结识了不少朋友,也提高了自己的技艺。

十几天后,他来到了河南。听当地人说起信阳附近的鸡公山风景秀丽,有剑仙隐居其间,不免动了好奇心,特地拐到鸡公山去看个究竟。

这天,我父亲登上鸡公山,见群山环抱、峭壁千仞,万树参天,美不胜收。他心中欢喜,率意而行,不知不觉走到了游人稀少的山沟里。突然乌云密布,电闪雷鸣,骤雨从天而降,所幸前面似乎有间道观,我父亲急忙跑过去避雨。

来到道观院内,忽然听到里面传来朗朗的诵经声,他侧耳倾听,字字铿锵有力,在暴雨声中犹自袅袅不绝。通过窗格间破落的窗纸往里面看去,只见一个老道,面目清癯,鹤发长髯,头顶黄冠,正捧着卷道经在诵读,墙壁上还挂着把宝剑。老道士觉察窗外有人,仗剑而起,走了出来。我父亲赶忙上前拜见。

老道士听说我父亲是沧州的镖师,说道:"不必拘礼,都是武林同道",见我父亲全身都湿透了,叫来一个道童生了堆火,让他烤干衣服。

老道士又请我父亲用斋饭,闲聊起来。我父亲见他步履矫健、气度不凡,询问他的来历,才知老道出自武当山,与道童二人四处云游到了鸡公山,见此处仙云缭绕,刚好有间破落无人的道观,收拾一番,住了下来,不觉已有两三年了。老道士听说我父亲练的是通背拳,笑说是有缘人。原来他说通背拳出自武当山张三丰真人,乃是内家拳法。

他见我父亲随身背着三节棍,便邀请他在庭院里演练一番。我父亲知道他是武林高手,不敢敷衍,恭敬地亮了个通背拳起势,抖开三节棍,连续向前七八个提撩,势如猛虎出谷;到了墙边,右手抄住棍尾,回身做了个"老虎甩尾",整个人扑到地上,棍子也抡圆了砸了下去,啪的一声,掀起滚滚灰尘;又一个"鲤鱼打挺"一跃而起,将三节棍在头上盘旋,只听得风声簌簌,漫天都是棍影;再把棍子收回,做了几个"胸背花",棍子在周身缠绕,似游龙蜿蜒盘旋,无人可以近身。看得道童连连鼓掌喝彩。

老道士一时兴起,待我父亲练完三节棍,抽出长剑,乘兴而舞。初时甚慢,如抽丝剥茧,真气似断不断,融通圆满;而后渐渐快了起来，惊若翩鸿，剑气纵横；到了最后，人剑融为一体，只见一片江海清光，冷浸肌骨。我父亲心悦诚服，真剑仙也！

老道士收功静立回复真气。过了一会儿，对我父亲说："我看你筋骨强健、劲力贯通，外功诚然近乎登峰造极。然而通背拳实在是内家拳法，内外兼修才是通背武术的真谛。你可愿意与我学习？"我父亲大喜："固所愿，不敢请耳。"

胡青娥女士演练通背剑术

此后，我父亲白天练习老道士的剑法和太极拳术，晚上修习道家气功。老道所授剑术叫仙人剑，有挑、撩、劈、点、刺、崩、缠、拦、剪、束、摸、托、架共十三法，招式连绵不绝、变幻多端。武当山太极拳术有八十一式，与世传的太极拳颇不相同，讲究以丹田发劲，带动全身，一套拳路下来，全部以腰身带动，既是高明的技击之术，也蕴含丰富的养生之道。

勤学苦练一个多月后，我父亲辞别下山。临别时，老道士又赠送了秘方数则，乃是他周游天下所收集的医方。我父亲本以为日后还乡时还能去鸡公山拜访,哪知道他到西安从军后,转战四方,身不由己;后来又辗转到了厦门,更是关山阻隔。当日相别,竟是后会无期了。

1957年我父亲到北京参加比赛,在先农坛公园里晨练,遇到一个老乡孙拐子,他同时也是通背门师兄弟,两人交谈后发现都曾向鸡公山老道学艺。我父亲从他口中得知老道还健在的消息,总算了却一桩心事。

城门扛鼎

又走了十几天,我父亲来到了西安城的一座城门下,只见人群熙熙攘攘,十分热闹,又有军人持枪环布其间,似乎在举行什么活动。找了个老人打听情况,才知道是冯玉祥将军在招兵买马。

冯玉祥(1882—1948)

原来，冯玉祥原籍安徽巢湖，却在沧州出生、长大。1924年，第二次直奉战争中冯玉祥任直军第三军总司令，趁直、奉两军激战，发动北京政变，推翻直系军阀政府，驱逐清逊帝溥仪出宫。1925年春，迫于奉、皖两系军阀的压力，冯玉祥赴察哈尔张家口就任西北边防督办，所部改称西北边防军（简称西北军）。1926年1月在奉、直军联合进攻下冯玉祥被迫通电下野，赴苏联考察，8月回国。

1926年，直系军阀刘镇华率8万人围困西安。西安守军约8000人，在李虎臣、杨虎城带领下与刘镇华下展开了殊死搏斗。由于城内和外界断了往来，缺乏医疗物资和粮食大米，西安军民因此枉死了5万多人。国军元老于右任邀请刚从苏联回国的冯玉祥救援西安。回国后的冯玉祥正愁没有地方发展，9月17日他在绥远五原（今属内蒙古）誓师，就任国民军联军总司令，参加国民革命。11月27日，国民联军用3000公斤炸药，炸开西北角城墙，打败了刘镇华的镇嵩军，解了西安长达8个月之围。

为了纪念冯玉祥的贡献，战后在西安城墙西北，当年交战最猛烈的地方，新开辟了一座城门，命名为"玉祥门"。

冯玉祥成为西安的救星，当即以西安为根据地，大力扩充西北军的人马，为接下来的军事行动做准备。这一天，就是他贴出告示，征募勇士，扩充他的大刀队。

老人告诉我父亲，冯玉祥在城门外面找了块开阔地开辟了个演武台，场中放置一个大铁鼎，重数百斤，在地上刻了尺码，墙上张贴布告。根据我父亲的回忆，布告上大概是这么写的："能举鼎行十步者，召为大刀队；行二十步者，聘入教导队；行三十步者，收为警卫营。"

我父亲挤进人群，只见场地中央放着一个大鼎，听旁边的人介绍，这个大鼎还是西北军攻打刘镇华部队时，炮弹爆炸后从地底下露出来的。冯玉祥把这个大鼎放在这里测试勇士，有定鼎中原之意，为大军出征博个好彩头，这是旧时军队出征前的惯例。

举鼎的人络绎不绝，排了老长的队伍。毕竟当时兵荒马乱，参加军队终究有口饭吃。我父亲也排在了队伍的后面，观察前面的人举鼎的情况。

后来，我父亲跟我说，鼎虽然看上去很有分量，但也不是非常重，大概也就二三百斤，只是鼎的形状不规则，重心不好把握，鼎上又涂了润滑的油脂，加大了难度。他看到前面好几个孔武有力的青年一上场，就想把鼎举过头，结果反而扭伤了腰腿。观察了几个人后，他心里有了计较。

到了上场的时候，我父亲不慌不忙地走到鼎的跟前，紧了紧腰带，左手握在鼎耳上，右手牢牢地抓住鼎的底足。他也不急于举起来，只是先掂了掂鼎的重心，又慢慢撤手。台下的人以为他露了怯，开始有了嘘声。

我父亲试出了鼎的重量和重心，心里有了数。他深深吸了口气，坐了个马步，重新握住了鼎，奋力一举，鼎就被他举过了头顶。然后他缓缓地站了起来，又稍微调整了一下姿势，等到完全掌握了鼎的重心才开始向前走了几步。这是他多年镖师生涯养成的稳妥的个性，不过，台下的人群看他如此缓慢，嘘声更多了。

走了十步之后，我父亲定了一下，台上维持秩序的士兵看他能走十步，以为已经尽力了，走过来要帮他把鼎放下。我父亲摇了摇头，突然大踏步走了出去，这一下就是七八步，步伐又大，低头看地上的标志时，已然是到了20步的地方。台下百姓见他突然如此神勇，一时鸦雀无声。

我父亲看了看前方30步的标志，想了想，没有往前走，却转过身子往原点走了回去。20步的距离，他大踏步一下子就走到了，他又扎了个马步稳稳地放下大鼎，这才嘘了口气，站直了起来。此时，演武台下已经是掌声雷动。

后来，我父亲对我说，马良和冯玉祥一直都有招揽他为贴身警卫的想法，不过都被他拒绝了。主要原因是他从小受左东君的熏陶，一生致力于武道的探索，如果去给达官贵人看家护卫，身不由己，在武术一途恐怕很难再有进步，所以他主动放弃了成为冯玉祥近卫的机会。后来，他把这番话如实告诉了冯玉祥将军，冯玉祥也大度地没有强求他。

冯玉祥接见

扛鼎活动举办了三天，我父亲参加的时候已经是第三天了，所以，当天下午，活动结束后，入选的人登记造册后，我父亲和其他入选的好汉一起来到军营，接受冯玉祥的接见。

冯玉祥虽然身居高位，却穿着一身粗布大衣，还打着绑腿，除了他身体略胖，完全就是一个普通大兵的样子。但是多年的戎马生涯养成的气势令他在和蔼可亲的外表下蕴含着一股威严。他一口沧州的乡音，让身处异乡的我父亲觉得很亲切，所以听他讲了老长时间的话，也不觉得很长。很多年过去了，我父亲和我说起冯玉祥时也没有多少印象深刻的事，只是称他为大帅的时候，总带着一缕淡淡的尊敬。

这次入选的有一百多人。冯玉祥讲完话后，跳下台来，与每一个士兵谈话，问他们的姓名和籍贯。后来我父亲才知道每次招兵，冯玉祥都亲自去挑选。他的军队里绝大多数的士兵，他都能叫上名来，有的连小名和籍贯他都知道。他的军队，就是一个大家族，他就是这个家族的家长。他的军官，都是他一个一个从学兵连带出来的。

到了我父亲跟前，我父亲近距离看他的身高居然比自己还高了将近半个头,大概有一米九的样子。我父亲说是沧州人,又从怀里掏出马良的介绍信。冯玉祥看信之后哈哈大笑,直接叫老乡,又责怪我父亲怎么不直接去找他。我父亲还没回答,旁边的副官报告冯玉祥,这就是那个把鼎扛个来回的人。冯玉祥更有兴趣了。我父亲说他想到军队去教士兵武术,冯玉祥高兴地答应了,说他的大刀队里招了不少沧州人,沧州人忠诚淳朴,他自己就是在沧州长大的。

接见结束后,冯玉祥请大家吃饭。就在那个场地里,扛上来几桶的饭菜,大家席地而坐,就这么吃了起来。而冯玉祥也大大咧咧地随意坐在士兵中间,和他们吃同样的饭菜。

掰手腕

饭后,有好事者起哄,推出了唯一一个扛鼎走了 30 步的小伙子出来,说他是冠军,而我父亲却是无冕之王,非要让两个人一决高下。冯玉祥也首肯了,初来乍到的我父亲当然不能推辞,他站了起来,进行掰手腕比赛。

这时的掰手腕的规则和现在流行的有所不同,两个人不是坐在椅子上,将手肘放在桌面上来掰,而是相对站立,间隔两臂宽,各自将右手伸直了与身体呈 90 度角,握在一起来掰。

我父亲和我说起这段故事的时候,轻描淡写,好像很轻松就获胜了,实在是说不出什么精彩的内容来。

不过,我的师兄弟李家才①在60年代亲眼看见我父亲掰手腕的情况,他是这么说的:

> 有一天,我们师兄弟几个在练武间歇一起玩闹。其中一个是当时住在泉州路74号大院内的庄碧荣师兄,他为人朴实、性格直爽。我们用孙老师传来的掰手腕的方法来比赛。庄碧荣比我们大了几岁,是个铁匠,肌肉很结实,我们几个不是他的对手。可能是笑声太大了,引起孙老师的注意。他在旁边笑眯眯地看了一会儿,大概是觉得有趣,或者是勾起了他的记忆,他忽然站了起来说要和庄碧荣玩一把。庄碧荣有点犹豫,孙老师说,怕什么,尽管使劲!第一把,我们刚喊开始,孙老师很轻松地就把庄碧荣的手掰了过去,他不满意地要求庄碧荣加把劲,不要谦让。第二把,庄碧荣认真了起来,两只手一交握,他拼命地往孙老师那边压,可是孙老师的手稳稳地定在那里,庄碧荣憋红了脸,一次次地加码使劲,可是孙老师的手就是纹丝不动。等到孙老师反击的时候,没费多大的功夫,就把庄碧荣的手给掰了过去。
>
> 练完武后,我们几个师兄弟偷偷地围住庄碧荣,说他一个"古意人"(闽南语指忠厚老实的人)也学会偷奸耍滑了,分明是故意输给老师的,毕竟孙老师当时已经60多岁了。庄碧荣

---

① 李家才,男,1948年出生,厦门市人,中国武术六段,国家一级武术裁判,福建省武协常务理事、厦门市武协顾问。1961年跟随孙振寰学习通背劈挂拳。1981年任福建省工艺美术学校武术教练、1985年任华侨大学武协教练,后来又担任厦门大学武协副主席,培养了众多优秀武术人才。1978年起陆续担任福建省青少年武术锦标赛、福建省运会、省工人运动会、农运会、省大学生武术比赛、海峡论坛·海峡两岸传统武术大赛、厦门国际武术大赛等的裁判工作。先后六次获得优秀体育裁判员、精神道德风尚奖。

一脸无辜地看着我们说，他确实用尽了全力，可是孙老师的手就像一把老虎钳子，牢牢地定住了他，他根本就转不动。

庄碧荣

冯玉祥的教导队

冯玉祥的西北军装备落后，他的手头不阔绰，在没办法装备现代化武器的时候，怎样提高军队的战斗力？最直接的方法就是练兵。冯玉祥家境贫寒，从下级士兵一步步升到一级陆军上将，所倚仗的就是他一手训练出来的部队。冯玉祥回忆在常德练兵的情景说："各级官佐除一般的体操外，和士兵一样，也有跑拦阻等等项目。栏阻是用砖及土筑成，高八尺，厚二尺，一连八道，每道相距十五步。跑的时候，须一跃而上，跑过一道，又来第二道。练到纯熟的时候，可以用手一按，身体就跳了过去，毫不费力。这类较激烈的课目，军佐们亦都有很好的成绩。""兵士们最常练的是荷枪行军,自官兵以至伙夫,一切必需品都要带上,每兵身上的荷重约四十八斤,不停地连走七天……初时日行八十里,渐增至每日一百二十里,一百四十里。经常每月举行两次,风雨无阻。这不但磨炼体力,亦可以磨炼精神。使人人知道真正作战是怎么样的,我觉得在中国这样交通落后的国家,行军力的强弱关系于战果至大至切。平时多一次练习,战时就多一份获胜的把握。"

而督导士兵进行训练的,就是冯玉祥组建的教导队了。冯玉祥的爱将刘汝明回忆冯玉祥在察哈尔练新兵:"不论是招募的、投效的,或是有官兵从他们家乡带出来介绍的新兵,一入伍统统要先送教导队。在教导队经过半年的训练——铁杠、木马、劈刀、打拳、刺枪、长跑、过障碍、制式教练、战斗教练等,每天起码有六个小时,讲堂也有四小时;此外还有其他的活动。有了相当基础,才分发到部队继续训练。"

高强度的锻炼,为兵士们上手大刀等军事武术打下了厚实的基础。后来喜峰口夜袭,二十九军几路出击,趁夜沿山路奔袭日军大获成功,与他们平时的艰苦训练是分不开的。

我父亲在教导队里最初担任的是战斗教练,教的是摔跤等实用技击技术。西北军里冯玉祥喜爱摔跤,他的手下的赵登禹将军等人也都是摔跤好手。

在军队里我父亲意外地碰上了沧州的熟人,就是之前麻洼村王家的老大和老二。时隔多年,还是他们先和我父亲打招呼,我父亲才认了出来,他们不知道老三后来和我父亲的恩怨,只是和我父亲说,当时年轻不懂事,幸好左师傅手下留情,他们才没继续走上邪路,跑到军队从军了。男子汉大丈夫相逢一笑泯恩仇,何况是在举目无亲的异地他乡,他们很快就成了朋友。

西北第一跤

冯玉祥在西安整编军队后,实力大增。4月份,他的部队被武汉国民政府改编为国民革命军第二集团军,任总司令,他马上率领部队东出潼关,鏖战中原。11月,冯玉祥再次击败直鲁联军,取得第二次兰封战役的胜利。

战役胜利后,冯玉祥犒赏三军,在中高级军官和教导队举行了庆功宴。在这次宴会上,我父亲一举成名,获得了"西北第一跤"的称号。

事情的经过是这样的。当时的教导队内,除了军旅人才之外,还有一些像我父亲这样在格斗技术上有专长的人。其中有个王姓教官是个摔跤高手,在西北军里面罕遇敌手,平素总瞧不起人。我父亲来到教导队后,抢了他不少风头,有人掇弄他和我父亲较量一下,可是我父亲不想惹事,几次三番都拒绝了,而西北军军纪严明,王教官也一直找不到机会。

就在这次庆功宴上,冯玉祥兴之所至,命令教导队里的摔跤好手都出来较量较量,为庆功宴助助兴。以王教官的资历本应担任比赛裁判的,可是他另有计较,对冯玉祥说,西北军汇集各路摔跤高手,平日里也不知道谁最厉害,不如趁着庆功宴大家比较个高下,第一名获得"西北第一跤"称号。冯玉祥痛快地答应了。

比赛一开始,王教官轻松地战胜了几个小伙子,其他的人都看出王教官的心思,也忌惮他的实力,再也不肯下场,我父亲也无意相争。眼看着"西北第一跤"的头衔就要落在王教官头上了。王教官意犹未尽,向冯玉祥点名要我父亲下场。冯玉祥也想看热闹啊,就让我父亲下场了。

我父亲让王教官休息一下再来比赛。王教官傲慢地拒绝了,还倒了一杯温热的酒,说要效仿关帝爷片刻间就把我父亲斩于马下。我父亲这时也生了气,紧了紧腰带就上了场。

王教官身高、体重都和我父亲差不多,平日里都在军队里当教练,虽然未曾较量过,相互间却也知根知底。这种比赛是最难的,一不留神,胜利的天平就会向对方倾斜。两个人推来搡去的试探了一会儿,都不敢贸然进攻。王教官擅长背胯,前几次比赛,他一进胯就抓住对方的手,马上一个大背摔把人摔出去。可是碰上了我父亲,他的绝招就失灵了,他每次进胯,我父亲就屈膝下蹲,化解他的攻势。王教官毕竟是摔跤高手,几次进攻失败后,果断转攻为守,等待战机。双方争持不下之际,我父亲已试出了王教官的软肋,他突然把右脚插进王教官的两脚之间,似乎要马上做个"背摔",王教官马上以双手抱住我父亲的大腿,阻挡他的下一个动作,同时也准备来个"抱腿摔"。这时我父亲突然双手用力将王教官一推,使他失去重心,王教官赶紧两腿下蹲,避免被推出去。这时,我父亲迅速把右腿脱出王教官的缠抱,别住王教官的右膝,同时抓住王教官的胳膊,向左猛转身,王教官登时就被我父亲提了起来,一个"过肩摔"跌出四五米外,一时爬不起来。

就这样,我父亲获得了冯玉祥颁发的"西北第一跤"的称号,在西北军逐渐站稳了脚跟。后来,除了传授摔跤之外,我父亲在西北军还有在大刀队里传授通背刀术。在冯玉祥离开西北军后,刀术更是成了我父亲主要的传授项目。

大刀队

冯玉祥的军队,大家耳熟能详的就是他著名的"大刀队",这其实就是他的精锐部队、突击部队。现在有人考证二十九军的"大刀队",当时正式的名称是叫"手枪队"。每名士兵身上除了一口四斤重的大刀以外,主要是装备两只德国毛瑟 C96 手枪,俗称"二十响",弹药配置二百发,火力强大,大刀只是近身格斗时的辅助工具。"手枪队"在战斗中一般是在鬼子敌人冲得比较近了才出手,先用手枪放一轮子弹,然后拔刀开砍。在这个阶段敌人往往还没有准备好白刃战,但距离又近到步枪无法发挥最大的杀伤力,所以突然遇到敌枪射击往往来不及有效组织反击,然后仓促进入白刃战,战斗力正好处在一个最低值,所以大刀能在这个时候取得最大战果。由于大刀背在身上很显眼,老百姓就把他们叫作大刀队了。

还有不少人说大刀没有什么作用,其实当今的美军在战场上的标准装备,除了突击步枪,一般是不配备手枪的(美军士兵的手枪通常由自己根据需要购买),反而会配备战刀,可见刀类兵器在现代化的战争中依然能够发挥作用。夸大和贬低大刀队的作用都是不符合史实的。

西北军大刀有其独特之处,是环首刀、手刀、双手长刀等传统刀的综合,使用的时候需双手握持,这是一个十分显著的特点。西北军大刀的技术来源,是传统的双手长刀法。刀身重、刀柄长的形制特点本身就是为双手运刀所设计的。

在重量上,西北军大刀一般在四斤左右,讲究"快马轻刀"。既能保证有效地砍杀敌人,又不至于过分消耗官兵的体力。

使用这种大刀,需要较好的身体素质。这就是冯玉祥在西安招募士兵时,要让他们举鼎的一个原因。事实上,西北军严格的选兵和训练,保证了其官兵健壮的体格,而其精悍的手枪队官兵,更是身手不凡。

有了便捷使用的大刀和优秀的官兵,还需要进行长期的严格训练,才能使大刀成为克敌制胜的有力武器。西北军每天下午 4 点半到 6 点训练劈刀、刺枪和打拳。1925 年 6 月,苏联顾问普里马科夫在西北军鹿钟麟的司令部里,看到士兵在操练大刀:"院内,许多身着白上衣的警卫士兵在挥舞大刀,一共作了二十五个劈杀动作,场面非常壮观。约六百名身体非常结实的青年士兵,飞速地舞动着闪闪发光的大刀,时而防卫,时而出击,练兵场上夯实了的土地,由于六百双脚的冲击和跳跃,发出低沉的声响。"展现了大刀队训练的壮观景象。

内战无英雄

我父亲第一次加入的军队就是冯玉祥将军的教导队了。但是当时的局势动荡不安,如鲁迅先生诗句所说的"城头变幻大王旗"。1928年冯玉祥率领部队参加第二次北伐,4月,蒋介石、冯玉祥、阎锡山、李宗仁组成的四个集团军合力北进,战胜了奉系军阀张作霖,结束了北洋军阀的统治,冯玉祥任行政院副院长兼军政部部长。接着,蒋介石鸟尽弓藏,裁撤冯玉祥、阎锡山等各方军阀的势力,引发他们的不满。1930年4月至11月,蒋军、晋军、西北军、桂军、东北军在河南、山东、湖南等省进行了大规模的军阀混战,双方投入了近百万的军队,战线绵延几千公里,是中国近代史上规模最大的一次军阀战争,史称中原大战。最后,冯玉祥的部下石友三等将领被蒋介石收买,阎锡山、冯玉祥战败,11月4日两人通电下野,西北军全部瓦解。自此冯玉祥失去了对西北军的控制。

我父亲随着所在部队转到别人的旗下。此后的西北军常常转换阵营,我父亲对这段历史并没有多说,只说最后是从二十九军退役的,其他的部队番号就不说了。或者有说而我没记住?总之就是无据可查了,这实在是件遗憾的事。不过,那时的军阀内战,在谁的麾下有什么区别呢。诚如张学良说的,中国人打中国人又算什么好汉。我父亲也许是因为这样才不愿意多说吧。

不过我的师弟李家才偶然听我父亲讲述他打仗的一件事,按照内容来推断,应该是发生在中原大战期间。

有天晚上,我父亲教李家才三节棍,其中有个招式是"回头望月",就是人往前跑,突然一个转身,将棍子往后扫去,类似枪法里面的"回马枪"。招式本身并不困难,难的是转身扫棍的时机把握,这是教不出来的,只能靠经验临场发挥了。休息的时候,我父亲大概是看四下无人,说起这个招式的故事。

有一回,我父亲所在的军队被击溃了,四散而逃。他和几个士兵跑到了荒郊野外。奔波了一整天,怕被敌人发现,也不敢生火,草草吃了些干粮,就在一个破庙里和衣睡着了。没想到半夜很冷,有个士兵忍不住起了个小火堆。凌晨的时候,听到外面传来杂沓的脚步声,原来是敌人发现了火烟,追了过来。

大伙儿各自逃入密林中,可能是我父亲穿着军官服装的缘故吧,后面有三四人追着他跑。我父亲没有带枪,或者是枪里没有子弹了,好在随身一直都带着把三节棍。跑着跑着,前面突然就没了路,后面的人追了上来,传来了拉枪栓的声音。我父亲根据声音判断了一下方位,猛地一转身,三节棍像鞭子一样往后一扫,只听得几声闷响,抬头看时已经撂倒了两个人,还有一人持着枪正要瞄准,我父亲扑倒在地上,同时把三节棍抡圆了甩过去,正好打在那人的脑袋上,把他砸晕了过去。我父亲赶紧爬了起来,掉头跑出了包围圈。

大刀队的刀法

中原大战后,我父亲随着军队撤退到了山西。后来经整编,番号改为二十九军,军长是宋哲元,旅长是赵登禹。我父亲继续当教练,但是教导团已经取消了,他直接编入大刀队里,传授刀术。那时,军阀的混战结束,中日两国的矛盾日益凸显,西北军的刀术训练就以日军为假想敌,针对的自然就是日寇的刺刀了。

西北军早期军训教材是《劈刀十二法》,后来一批优秀的武术家进入西北军,参与军队的白刃战术训练,西北军大刀技术得到了升级。

1920年,也就是我父亲初出茅庐的那一年,沧州大旱,通背劈挂拳名家马凤图先生带着弟弟马英图等到河南投奔冯玉祥,得到冯玉祥的礼遇,受命创立白刃战术研究室,并依托该室成立了"新武术研究会",以室主任兼任会长。研究会中有不少沧州籍武术名家,如王子平、洪立厚、刘鸿庆、王桂林等人。这些武术家集思广益,创编教材,将武术中格杀效果突出的技术用于军事训练,对于提高西北军的战斗水平,做出了贡献。1926年冯玉祥军队主力撤退到甘肃后,马凤图也跟着定居兰州。他与马英图等人一起总结了多年的教学经验,为西北军编写了《破锋八刀》和《白刃战术教程》,取代了旧有的大刀教程。

根据马凤图后人讲述,破锋八刀包括埋头刀、拦腰刀、斜削刀、漫头硬舞等技法,动作简捷精炼,大劈大砍,迅猛剽悍,具有明显的军旅实用特色,与现在以花法为主的表演武术有质的区别。破锋八刀的口诀是:"迎面大劈破锋刀,掉手横挥使拦腰。顺风势成扫秋叶,横扫千钧敌难逃。跨步挑撩似雷奔,连环提柳下斜削。左右防护凭快取,移步换型突刺刀"(不同的版本稍有出入)。

不过,如果仔细观看大刀队的图片,可以发现,他们的大刀制式并不一致,重量和长度都有明显的区别。可能是大刀队在不同时期请了不同的武术教练,又或者是不同的兵种装备不同分量的大刀,再根据各自的特点和当时战斗的需要,创编出不同的刀术套路。除了破锋八刀,还有其他武术家也为大刀队创编了刀术,比如李尧臣的无极刀等。

根据沧州武术资料,为了更好地针对日军的刺刀,1931年,在二十九军副军长佟麟阁的盛情邀请之下，沧州武术家李尧臣跟着佟将军到山西阳泉练兵。他根据二十九军将士所使用的大刀本身特点，结合中国传统的六合刀法，创编了一套"无极刀"刀法。无极刀的特点是出刀时，刀身下垂，刀口朝自己，一刀撩起来，刀背磕开步枪，同时刀锋向前画弧，正好砍对手脖子。因为劈、砍是一个动作，对手来不及回防就中招了。

武林中有句俗话说"招是死的，人是活的"，套路编得再好也要在实践中加以应用，才能收到好的效果。而且，不同的部队有不同的练法，不同的教练也有不同的教法。我父亲将通背劈挂拳苗刀的刀法和步法融入了日常教导大刀队的刀法之中，重视步伐与刀法的配合，增加了撩和刺的技术，尽量做到以最少的动作达到杀敌的目的。因为日军的刺刀非常凶猛，如果不避开正面冲锋的那一下，很难顶得住冲击力。

秦俊演练通背劈挂苗刀

我师兄洪敦耕在《武林琐谈》里面是这样说的：

原来这速成刀法，只有一刀，只要有臂力，抡得动大刀者一练就成。这一刀专破敌人刺刀的妙法，是从普通刀法中缠头盘腰一招衍化而来的。应用时既不缠头，也不盘腰。只在与敌人接近时，侧身而立。双手抡刀画一个大弧形，到一百八十度时正好与敌人刺进来的枪杆十字交叉。刀背撞着枪杆，力沉时可使敌枪脱手飞掉，至少也会将枪杆掀向右边，戳不着自己。到二百七十度处，敌人从头到腰全部暴露在弧形刀口之下，只要用力砍下，敌人纵然不死，也必重伤。日兵在这一刀之下丧生者不计其数。

蔡志盛(右)与张朝灵(左)演练单刀进枪

后来，他在通背武术社创编"单刀进枪"套路的时候，将这些实战的刀法融入其中，在演练中，单刀步步紧迫，上砍脖子、中间横斩胸腹,回身又剁对方的头部,紧张激烈、惊险至极,每次表演的时候,都能收获观众热烈的掌声。

钢刀荡寇

1931年"九一八"事变后,日军侵略中国的野心暴露无遗。二十九军也加紧备战,时刻准备抵抗日军的进攻。1933年3月,日军长驱直入,打到了河北遵化长城的喜峰口上。3月10日,二十九军主力赶到喜峰口,与日军主力展开鏖战。

时任二十九军某团团长的董升堂回忆当时的战斗说:"我军装备差,火力弱,有兵无枪,有枪缺弹,只是每人大刀一把,手榴弹6枚。现在我们仅仅与强敌对战两夜,就被敌机炮轰炸损失两个团的精华,我全军共有十个团,照此下去,只能与敌对战十日。"三十七师师长冯治安和三十八师师长张自忠认为若想取胜,只能偷袭敌军后方,这就要依仗大刀队了。

3月12日晚上,我父亲主动请缨加入了旅长赵登禹挑选出的500名擅长刀术的士兵组成的敢死队,只带大刀和手榴弹潜入长城外喜峰口的一个村子附近,有一支日军的骑兵部队在此宿营。大刀队迅速解决了日军哨兵,挥舞着大刀,冲入日军营房。先扔了一阵手榴弹,紧接着趁日军混乱之机用大刀劈杀,日军被打得措手不及,很多人稀里糊涂地就做了刀下之鬼。据我父亲后来回忆,日军刺刀确实非常厉害,一个人对阵三四个大刀队员也不落下风,但是在夜晚以及被仓促近身的情况下,大刀显然更能收到搏杀的效果。

日军迅速调集大批部队进行反扑,在人数上处于劣势的大刀队并不畏惧,依然与日军继续肉搏。随后,大刀队烧毁了日军的辎重粮草,炸毁了缴获的火炮和装甲车,喜峰口战斗大获全胜。但是

500多个敢死队员也只剩下20多人生还。

日军自侵占东北以后,碰到的中国军队大多不堪一击、一触即溃,因此夜间都是脱衣而睡,警备松懈,嚣张狂妄至极。经此次打击之后,人人都和衣持枪睡觉,甚至还有人晚上都戴着钢盔以防被砍头。连日本报刊都不得不承认喜峰口之战是"皇军的奇耻大辱"。

1937年,作曲家麦新在创作抗日歌曲时,想到了喜峰口的这场战斗,于是一首鼓舞全国人民士气的经典歌曲诞生了:"大刀向鬼子们的头上砍去!全国武装的弟兄们,抗战的一天来到了……"

我父亲对他参加喜峰口战役的事迹偶尔会提及,印象最深的是他跟我说,当时趁着夜色摸营,黑灯瞎火的,谁也看不清谁。为了区分敌我,敢死队们在上阵前都要痛饮烈酒,然后脱掉上衣,在冰天雪地里赤膊上阵。这样,在夜里摸到或依稀看到有穿衣服的,必定是日军,直接一刀夺命。至于在战斗中他杀了多少日寇,他从来不说,倒是在他的晚年,有时会念叨同去的几百沧州健儿在长城抗战结束后剩下没几人了,似乎麻洼村的王家老大也战死了。

今人有一短篇小说《钢刀荡寇》描写了我父亲在大刀队中抗击日军的故事,颇富传奇色彩,兹录于此,聊备一格。

某日深夜,连日鏖战后,孙振寰偷空于月下舞刀,刀如霜雪,人似流星,紧要处一声叱咤,宿鸟惊飞。忽闻掌声迭起,竟是赵旅长亲临。赵旅长道:"孙兄宝刀不老,可喜可贺。明日午时,日军邀我方谈判,料无好宴,你可愿随我单刀赴会?"孙振寰道:"长城乃我国土,何处不可往!"

翌日,孙振寰身背大刀来到大营,与赵登禹将军携一参谋宋某,直奔敌营。日军卫队欲孙振寰解刀方能入营,却闻敌酋小野二郎迎将出来,道:"无妨,且待我见识他们刀法。"乃入座,谈判军事,日寇殊无诚意。午宴罢,小野戎装出,道:"我大日本皇军刺刀术所向披靡,不意贵军大刀队堪相匹敌。今日有幸,孙先生可愿赐教?"孙振寰拔刀而起,道:"某亦有此意。"二人对峙转圈,都不轻出。孙振寰双手执刀,以刀背对敌,乃是破锋八刀起手式。小野持枪突刺,孙振寰身形微动,刀背磕开刺刀,进步抢刀,劈其脖颈。小野却是日本武术名家,危急之时,勉将刺刀上扬,挡住刀锋,借力反弹,滑出一丈多远。孙振寰探身直进,却被旁观敌酋阻止。

三人径出敌营,赵登禹道:"此次孙教官扬我中华雄风,宋参谋也完成使命。"拿出一张图纸,却是宋参谋沿途暗记日军营部署画的草图。又对孙振寰说:"勿多言,早点回营休息,枕戈待旦可也。"

凌晨,万籁俱寂,正是酣眠之时。大刀队紧急集合。赵登禹道:"月黑风高,夜袭正当时,现募集敢死队100人为先遣,扫清道路。然敢死队九死一生,诸君无家庭负担的,可志愿报名。"众人纷纷向前,孙振寰赫然在列。赵登禹说:"孙教官家有老小,可率军为强援。"孙振寰道:"我从军8年,未尝一退。今日报国,更无落人后。"话音刚落,忽闻背后脚步杂沓,又有数十人站向前排。

于是,敢死队痛饮烈酒,裸臂鱼列而出。裸臂者,盖黑夜易于辨认敌我。入得敌营,先刺杀巡逻士兵,再潜到兵营,扔手榴弹入内。日寇于爆炸声中乱作一团,大刀队顺势杀进,摸到手臂着衣者,手起刀落,刹那间日寇数百人头滚落。孙振寰左冲右突,刀光嚯嚯间早已斩杀多人。他辨认出方向,径往指挥官行营杀去。奔至门外,几位大刀队员早已杀入,突然几声呐喊,却是被帐内敌军斩杀,中有一人,乃是宋参谋。孙振寰大恸,双手挥刀,一招"夜战八方"裹住全身,抢入敌营,却见帐内一人,持日本武士刀靠墙而立,伺机偷袭,乃是小野二郎。

小野说:"孙先生神武非凡,若能为我皇军效力,你我把酒言欢,时时较量武艺,岂不痛快!"孙振寰哈哈大笑:"中国人没有与强盗交朋友的习惯!"

二人兵戈交击,战成一团。小野此番换成武士刀,1米多长,又趁手,一时竟与孙振寰战得难解难分。孙振寰觑机跳出战圈,改右手单持大刀。一声厉叱,刀如霹雳,砸向小野二郎。小野急退一步,以刀背格挡。孰料孙振寰一刀斩落紧接着反手又是一刀,转身进步第三刀,再反手第四刀。此招乃是从通背劈挂拳"五雷轰顶"衍化而来,滚揉闪劈一气呵成,刀刀致命。小野挡到第四刀,已是全身乏力,臂痛欲断,眼看第五刀是万万挡不住了,忽闻叮当一声,双刀受不住这大力,一齐折断。小野逃过一劫,拳脚交击便欲逃出生天,早被孙振寰顺势锁住右手,转身一个背胯,将其过肩摔落,恰好被断刀穿心,登时毙命。

退役回乡

然而,喜峰口的胜利无法挽回其他战线的溃败,1933年5月,国民党政府不得不与日本签订了《塘沽协定》,事实上承认了日本对东三省的占领,并将河北和察哈尔的东部划为"非武装区",任由日军进入。国民党军队暂时妥协退让,同时军队中开始整顿军备,逐渐摒弃了大刀,改为刺刀。我父亲在军队无所作为,沧州同乡又大半战死,触景生情,逐渐萌生了退役的念头,终于有一天从军队退役了。

当时我父亲听说马良回到了济南任山东肃清毒品委员会会长,就先到济南找马良。可是到了那里却发现马良与日本人多有来往,打听了一下,才知道马良在日寇大举侵华之际,竟然与日寇纠缠不清。我父亲刚从抗日战场下来,眼见那么多战友死于日军枪弹之下,哪里还肯去与马良为伍,从此与他恩断义绝了。后来马良一错再错,抗战中又加入汪精卫伪政府,抗战胜利后以汉奸罪名被逮捕,1947年死于狱中。

我父亲回家住了几个月,1934年初听说山东威海卫在招考镖师,便前往参加。

原来,第一次世界大战以后,在华的外资银行由于受大战的影响,纷纷倒闭歇业,信誉也发生动摇。同时,中国本土的银行也由于政局多变、军阀混战等原因,很多都停业清理。这一时期的资本盈利率达到高峰,因而对商业银行的发展极为有利。南洋华侨黄奕柱看准了这个时机,在1921年6月创立了中南银行,黄奕柱为该行董事长,胡笔江为总经理。总行设于上海汉口路110号。

中南银行在开业后不久,便争取到了钞票发行权。它联合盐业、金城和大陆银行成立四行联合营业事务所,联合发行中南银行钞票。1922年7月,中南银行首先在天津设立分行,以后又在北京、厦门、汉口、广州、南京、杭州、苏州、无锡、重庆、香港等地增设了分、支行。

随着社会治安的败坏,银行的劫案越来越频繁,中南银行的高层觉得有必要招收一批保镖来保护银行,因此决定在威海卫举办一场大规模的招考,再把入选的镖师统一分派到各地的分行。

扬名威海卫

为了选拔到有实力的镖师,中南银行的考录采取了当时流行的中央国术馆国考大赛的擂台形式。

1928年3月张之江在南京成立了中央国术馆,为了选拔人才充实国术馆，1928年10月在南京举行了第一届国术国考大赛，考试的内容分为"拳脚门"、"摔跤门"、"刀剑门（短兵）"和"棍枪门（长兵）"，以抽签方法点名上台对打，参赛者面戴铁丝罩，拳打脚踢，无所限制。又制定了得分规则，比如"拳脚门"规定击中对方1拳得1分，踢中对方1脚得2分，击倒对方得4分。

1933年10月，南京又举办第二届大赛。这两次大赛轰动一时，一大批知名的武术家脱颖而出，比如我父亲后来的好朋友自然门的万籁声大师便在比赛中一战成名，带动了全民习武热潮，此后的中华武术迎来了"黄金十年"。当时，正值第二届比赛刚结束不久，因此中南银行也采取了这样的比赛方式，吸引大批武林高手的参加。不过比赛科目设"拳脚科"和"短兵科"，不分体重级别，选取前若干名。

我父亲报的是拳脚科，当时参加的人数很多，五花八门的都有。经过第一、二届国术大赛，那些千奇百怪的"世外高手"已经很少出现了，参加比赛的都是些年富力强的选手。我父亲凭着多年保镖的阅历轻松地通过了初选，又凭着在军队里出生入死练出来的身手，轻松地入选了最后的16人。本来入选就可以了，可是据说有一个中南银行的股东亲自来到威海观看比赛，比赛的组织者临时决定决出个冠军出来。最后，进入决赛的是我父亲和一个来自中央国术馆出来的选手。

当时的中央国术馆，在吸收了大量武术门派的精华后，将武术定名为"国术"，对武术进行了改良，在实战性方面，吸收了西洋拳的长处，采取拳击的出拳方式，脚上则采取中国功夫的脚法，类似于现在的散打。我父亲面对的就是这样一个对手。

比赛限时10分钟，中间不休息。一开始，对方就摆出了拳击的架势，左手在前点刺，右手紧紧护着下巴，正面对着我父亲，不时地移动，用刺拳控制着双方的距离，时不时还起个侧踢或者来个交叉拳，攻守有序，是训练有素的架势。我父亲还是第一次碰到这种格斗形式，难免有些不适应，好在他那时经过多年的摸爬滚打早已经皮糙肉厚，再加上身手敏捷，倒也有游刃有余。

过了几回合，我父亲习惯了他的打法，加快了移动的速度，跟着对方选手的步伐，每次都往对方的左后方移动，坚决打他的身后，很快就压制住了他的移动速度。觑准了机会，在对方出刺拳的时候，我父亲左手一挂，挑开他的左手，同时一个矮溜步上前，右手下劈，对方往右一躲，我父亲抓住他的左臂，顺势一推，将他推出四五米外，坐在地上，待要爬起来，我父亲一掌劈在他的脑门上。就这样获得了"拳脚类"的第一名。

几天后公布人员分配名单时，把我父亲调拨到了厦门鼓浪屿。我父亲当时哪里知道厦门在哪里，更没有听过鼓浪屿，只知道是南方小城的一个岛屿，想着先干几年赚点钱养家，年纪大了再回沧州老家种田，所以也没多想，卷了铺盖，就跟着中南银行的人来到了厦门。哪里知道他这一去，乡关万里，彻底斩断了在北方的过往尘缘，反而在人生地不熟的闽南之地，通过不懈的奋斗，打下了自己的名号，成就了一番事业。

在大时代的车轮面前，平民百姓哪里能掌握自己的命运，就像野草一样，不小心就被碾压、被揉碎了，纷纷扬扬地抛洒到四处。而其中的自强不息者，在偏僻的土壤里反而能挣得一块立足之地，再加上一缕阳光、一丝雨露、一点坚持或许就能生根发芽，成就自己的梦想。

这，就是下面的故事了。

第四章

厦门风云

第二故乡

1934年,我父亲36岁,正值盛年。他来到鼓浪屿后从此定居了下来,一直到1972年逝世,住了将近40年。自从20岁离开家乡孙八里村到天津当镖师,我父亲一直都在外面闯荡,冰刀霜剑、颠沛流离的,很少在一个地方多待几天,即便是回河北沧州的老家,也只是稍住几天,随即匆匆外出谋生。而到了鼓浪屿之后,他为什么就能安居下来,不再东奔西走,甚至违背了叶落归根的传统思想,终其一生不再返回家乡?除了大时代的因素之外,我想最主要的原因是闽南人淳朴善良的风俗、鼓浪屿广纳百川的胸怀让我父亲浑然忘却了异乡人的身份,彻底地融入了这片热土,将这里当成了自己的第二故乡。当然,对武术事业的热爱和对门人弟子的牵挂也让他舍不得离开。

鼓浪屿岛上的"原住民"并不多,大都是从龙海、惠安等地搬迁过来的平民,既要忙于应对生活的磨难,又要共同忍受洋鬼子的白眼和欺凌,因此对外方人并不那么歧视。而我父亲老实淳朴的性格,本来就容易就得到周围人群的认可,他又乐于助人,所以很快就得到了邻居、友人的尊敬,慢慢地就融入了鼓浪屿。

我的师兄弟张振华的父亲也从北方移居过来,和我父亲算是半个老乡。张振华说,当时生活比较拮据,他的父亲有时候周转不过来,就去找我父亲借钱,我父亲虽然经济也不宽裕,可每次都会大方地把钱借给他。

还有一个老乡叫乔仲敏,原籍北京,十九岁就来厦门创业,学识渊博,以教书为业(有一段时间在美国领事馆当雇员)。解放后他送儿子乔石磷拜我父亲为师。乔仲敏多才多艺,他唱京剧《单刀会》的时候,常常请我父亲舞一路春秋大刀助兴,两人互动密切。

即使是在人生地不熟的厦门,我父亲仍然不改他侠义的本性,多次凭借他的武艺,为周围的群众排忧解难。最为鼓浪屿老百姓熟知的是他在鼓浪屿海坛路菜市口制服疯子的故事。那是临近厦门解放的一个早晨,本该是菜市场热闹的时候,然而,岛上的国民党军警已经逃散,社会处于无序状态,菜市场笼罩着紧张的气氛。突然间,市场里面人声鼎沸起来,大家哭喊着,纷纷往菜市场门口跑。我父亲刚好散步经过菜市场,他闻声往菜市场内望去,只见里面一个疯子,手执菜刀,遍身血迹,一路砍杀过来,在他的后面,横七竖八地倒着几个人。我父亲手里没有拿东西,他摸了一下口袋,掏出一条手帕,揉成一团,抓在手里,快步接近疯子。

那时,一个老妇人惶急之下,撞倒在地,疯子正要挥刀砍去。我父亲大喝一声,疯子转移了目标,挥舞着刀子,转而向他砍来。刀子将要及胸的时候,我父亲突然一扬手,将手帕往疯子脸上抛去,遮住了他的眼睛,紧接着一招"婴儿扑乳",把疯子当胸拿住,顺势夺下菜刀,避免了一场惨祸。

小时候的我,听父亲说起这件事的时候,有些不解。以我父亲的身手,制服个疯子理当手到擒来,何必大费周章以手帕制敌?父亲告诉我,与正常人搏斗,他们出手的轨迹是固定的、有迹可循,按照经验去化解,百无一失。而疯子的意识混沌,出手毫无章法,手里又拿着刀子,反而不好降服。所谓乱拳打死老师傅,就是这个道理。这是武林中的经验、智慧的结晶了。

我父亲在厦门仗义救人的事情还有好几起,后面慢慢道来。

住在泉州路74号

我出生以后,一直住在泉州路74号,直到1972年我父亲去世后,我们家才搬到鼓浪屿武装部的西楼(就是现在的海天堂构的西边)。泉州路74号是中南银行的股东、鼓浪屿上著名的华侨黄仲训在鼓浪屿的办事处。2002年3月出版的《鼓浪屿文史资料》第八辑里面有两篇文章《武林英豪孙振寰先生》(作者荀青云)和《怀念孙振寰老师(二则)》(作者洪敦耕)介绍了我的父亲。巧合的是本书的另外一篇文章《黄姓与鼓浪屿的开发》(作者陈全忠)介绍了黄仲训。

黄仲训(1877—1956),又名铁夷,原籍福建南安,清移居厦门文灶称"文灶黄"。黄仲训的父亲黄文华早期移居越南,开发"厚芳兰"房地产,发了大财,据说在越南拥有房屋3万多间。越南西贡堤岸半个城市房地产均属于黄家所有,有人描绘说"黄家建造像城郭般的洋楼数百座,四周相连,中间盖了一个大市场及一座大医院"。黄仲训长大成人后跟随父亲到越南经商,1918年黄仲训回到鼓浪屿,创办"黄荣远堂",并在岛上兴办起房地产,在鼓浪屿拥有"瞰青别墅""西林别墅""厚芳兰馆"等60多栋房屋,号称半个鼓浪屿都是他的产业,与黄奕住并称鼓浪屿上的首富。1928年他斥资10余万银圆在黄家渡进行填海造地的工程,有效地拓展了鼓浪屿的东部海岸,黄家渡码头至今仍是鼓浪屿重要的货运码头。

我父亲到中南银行工作后,马上有人给他引见了黄仲训。黄仲训告诉我父亲,就是他到威海考察,顺便观看了比赛,这才把我父亲挑选到了鼓浪屿。原来,当时的鼓浪屿鱼龙混杂,除了本地角头老大的"草仔派""厦门港派""鼓浪屿派"外,还有日本人扶持的

泉州路 74 号

"十八大哥"等流氓帮派，又有外来盗贼流窜作案，社会并不安宁。黄仲训在鼓浪屿的房子就有几次遭到窃贼、盗匪的骚扰，因此他看中了我父亲的武艺，邀请我父亲住到他在泉州路 74 号黄家别墅办事处的一楼居住，方便他向我父亲学习强身健体的功夫。我父亲正愁找不到落脚之地，又看到别墅的前后都有大块空地，适合操练武术，便爽快地答应了下来。

后来，我父亲果然帮黄仲训赶跑了一起入室抢劫的匪徒。黄仲训为了感激我父亲，即便是我父亲离开了中南银行，也没有让他搬走，而是让我父亲继续帮他照看房子。解放后，黄仲训的家族离开鼓浪屿去法国定居，他的房子被政府收走，我父亲也一直住在泉州路 74 号，并先后两次在那里挂牌成立了通背武术社。

打跑入室匪徒的事情是这样的。

我父亲住在黄仲训的别墅楼梯边的房间。有天夜里，我父亲练完六合枪法，把红缨枪顺手放在门外，刚熄灯睡觉，突然听到别墅的围墙外面传来一声轻响,紧接着又听到几声猫叫。多年的镖师生涯让我父亲警觉起来,他悄悄地起身,透过窗户和门缝,向外面观察。

过了一会儿,听到屋内没有动静,外面有人偷偷摸了进来。听脚步声,大概是3个人的样子,等他们都进了大院,正要往楼梯走,我父亲推开门走了出去,顺手抄起倚在门边的大枪,挡在他们前面。

按照以前镖师的规矩,要念几句江湖切口,让劫匪知难而退。不过我父亲后来在和我说这段故事的时候,自嘲地说以他那口音浓厚的河北话,估计劫匪是完全听不懂,而劫匪说的大概是闽南话,我父亲也是听得一头雾水。黑灯瞎火、狭路相逢,再加上沟通不畅,双方马上动起手来。

其中的一人,提着一把长斧——估计是要用来砸开门锁的——猛地就砍了下来,我父亲刚在门口,不好往后退,只能往旁边一闪,迅速拉开距离,同时长枪猛地刺出,正要刺中那人的手臂,不料旁边一人伸出铁棍,堪堪挡住枪尖。我父亲马上手腕一抖,一个"白马分鬃"变扎为拦,压住铁棍,又一拿,直接就把铁棍挑飞了。这时,拿斧子的那人刚把长斧重新举起来,我父亲迅速收枪再扎,刺中他的手臂,长斧"当啷"一声掉落在地。后面还有一人,手持短刀刺了过来,我父亲一招"退步抽枪",长枪收回一半,用棍把往上一撩,击中他的胸口,顿时把他打飞了出去。这时候,周围的楼上的人听到动静,纷纷开灯查看,劫匪见势不妙,扶起同伴,仓皇逃走。

我的师兄洪敦耕在他的著作《武林琐谈》里面也提到了这段往事。他是这么写的:"某夜有盗贼三人,入屋行劫,各持利斧、铁尺,被孙师发觉,双方恶斗。孙师用中平枪法,一掤、一拨、一扎之间,三贼均负伤而逃,可见中平枪法威力,古人评论之词,信不欺我也。"

中南银行保镖

中南银行旁边的龙头路(照片由白桦提供)

1921年中南银行筹备时,黄奕住振臂一呼,鼓浪屿上的华侨名流们踊跃出资,鼎力相助。这其中既有菽庄花园的修建者林尔嘉、创办厦门近代史上第一家房地产公司的黄仲训,也有发起召开"闽侨救乡大会"的菲律宾"木材大王"李清泉、印尼"糖王"郭春秧等人。

1922年8月,中南银行在厦门设立分行,并在鼓浪屿和中山路各设一个办事处。厦门分行承担中南银行在整个华南和南洋侨汇的业务。鼓浪屿中南银行位于龙头路商业街(现为龙头路100号)上。建筑高三层,砖混结构,整座建筑造型简洁。方形体块在街角切去一角,中南银行的大门就设在转角这边,大门两侧是门柱,上面是一座阳台。当时的建筑立面以涂成白色的壁柱竖向划分,矩形的窗两两一组,框为白色窗框,首层两扇窗上部共同作三角形白框装饰,窗下墙与柱间墙涂刷浅绿色墙漆。

龙头路向来都是鼓浪屿的主干道,当时的龙头路的人群也是熙熙攘攘、非常热闹。现在的社会秩序稳定,很少有突发事件,而当时社会动荡不安,抢劫、盗窃时有发生,中南银行保镖不是那么好当的。

中南银行的保镖有好几个,除了我父亲和几个华人外,银行还聘请了一个美国人当保镖。美国人名叫约翰,由于和鼓浪屿工部局的洋人有关系,准许他持枪上岗。他腰里插着两把手枪,一副西部牛仔的打扮,总是要炫耀他的拔枪速度,瞧不起带冷兵器的中国人,常常跟华人保镖说,你们只能处理女人的纠纷,碰到了真正的劫匪,还是要靠快枪来解决。有一次他听说我父亲打跑了侵入黄仲训别墅的匪徒,非要和我父亲较量较量,结果被我父亲摔了个七荤八素,从此对我父亲另眼相看。不过,他还是嘴硬,说如果他掏枪的话,我父亲是万万躲不过去的。

有天下午,我父亲和约翰两人在银行里巡逻。迎面过来两个人。前面的一个年轻人似乎要咨询业务,嘴里嘟嘟嚷嚷地向他们走来,离他两步远的时候,突然击出一拳,打中约翰的鼻子,后面同时有几个人围了上来。危急之际,我父亲并不慌忙,他伸手接住年轻人挥过来的拳头,一个"接手摔"顺势把他提了起来,顺势往后面的劫匪一扔,冲散了他们的阵势。大庭广众下,银行的保镖不好带刀扛枪的,就连顺手的三节棍也没带在身上,我父亲只在腰里系了把短棍,他抽出棍子,迎面而上,一招"乌云盖顶"撂倒了一个立足不稳的劫匪,又一个通背铁扇掌把另一个劫匪甩飞出去。年轻的匪徒刚爬了起来,被我父亲抱住头,一个膝撞,打趴了下去。这时候,约翰才刚从眩晕中恢复过来掏出手枪。剩下两个劫匪拔腿跑进了围观的人群,约翰瞄准了半天,却不敢向人群中随便开枪,只好眼睁睁地看着他们逃走。

鼓浪屿工部局的巡捕闻讯而来抓住了这伙劫匪,这才知道他们预谋抢劫银行已经很久了,本以为解决掉佩枪的洋镖师就可以得逞,没想到看走了眼,栽在我父亲这个"土镖师"手里。

因为这件事,约翰在银行里抬不起头来,没过多久就灰溜溜地辞职了。

挂牌收徒

我父亲在中南银行安定下来之后,想起左东君的教诲,又看到厦门人民风淳朴,就有了把通背劈挂拳传授出去的念头。不过,通背劈挂拳虽然是传承了几百年的著名拳种,但向来在北方传播,闽南人基本没有听说过。因此,刚开始收徒的时候并不顺利。随着我父亲融入了闽南社会,他仗义助人的事迹逐渐在外面流传开来,仰慕他的技艺的人不少,拜师学艺的人才多了起来。

当时,我父亲保持着以往的作风,每天早上5点准时起床,先劈腿拉筋,再演练套路,直到八九点钟才去银行上班。晚上回来之后,还要练习实战技术。泉州路74号大门是一扇大铁门,练武场就在大门里面,大门外面就是泉州路的主干道。因此我父亲在练武的时候,来来往往的行人都看得见。邻里街坊和他熟悉了之后,常来围观。我父亲的事迹流传开来后,渐渐地就有人带着自己的小孩来跟着练武。有一次黄仲训到74号这边来,看见几个小孩在里面练武术,他没有怪罪我父亲在他的房子里面教武术,反而鼓励他说,要搞就要搞正式一点,挂个牌子,搞出个名堂来。

我父亲挑了个黄道吉日(大概是在1934年的冬季,具体日期无法考证了),托人写了块招牌叫"通臂武术社",挂在泉州路74号的大门口。直到日寇占领鼓浪屿后,我父亲才把牌子摘了下来。

不过，在旧社会，武馆并不是那么好开的。武术社才开办了没几天，麻烦就找上来了。

雨夜退敌

有天一大早，我父亲在泉州路74号里教拳，突然有几个人走进院子，说是在附近闲逛，听到击打的声音，特地过来见识一下。我父亲也没有在意，继续教着小孩子练武，同时自己也活动一下筋骨。当时他弄了个沙袋，里面装上海沙，挂在院子的一角，用作通背铁扇掌的实战练习。我父亲拍打了一阵子停下来擦汗的时候，发现那几个人已经回去了。

过了几天，我父亲参加厦门精武会的活动，碰到相熟的一个朋友叫任寿堂。他告诉我父亲，有个日本浪人帮会扶持的武馆开在鼓浪屿上，因为我父亲开办武馆，没有找他们喝茶（拜码头）、交保护费，准备找我父亲的麻烦。不过，他笑着说，前天晚上，他们看你练通背铁扇掌练得虎虎生风，估摸着禁不住一掌，所以打消了这个念头。旁边的另一位武术家听了，郑重地和我父亲说，还是要小心他们的卑鄙手段。

说起精武体育会（精武会），它源于霍元甲于1910年在上海创办的精武体操学校，1916年更名为"精武体育会"，是以弘扬中华武术为己任的群众性武术团体。精武会成立后主要在中国南方发展，根据1981年版的《中国近代体育史简编》记载，1928年到1929年间就有会员人数40多万人，是当时全国最大的民间武术组织。1924年精武会在厦门设立分会，教练大多来自北方武术界，以传授北方拳种为主，我父亲当时也受邀加入厦门精武会，到精武会里传授通背拳和六合枪。

那时候，正是厦门的梅雨季节，春雨淅淅沥沥地下个不停。又过了几天,有个晚上,我父亲从银行下班,雨下得比较大,就撑了把洋伞漫步回家。到了泉州路的时候,有一段比较狭窄的上坡路,过了这段路,就是74号住所了。路上行人稀少,又没有路灯,朦朦胧胧的看不大清楚。前方来了几个路人,交错而过的时候,把我父亲夹在了中间。他们突然一起出手,缠抱住我父亲。

我父亲临危不乱,站定马步,身体左右一甩,做了几个"划勾挂"动作,从束缚中挣脱开来。那些人又从腰间抽出铁管、匕首冲了过来,我父亲往后退几步,收起雨伞,那洋伞露出尖尖的一个头,我父亲把它当成长剑来用,一个"金鸡啄食"刺中突前一人的手腕,再一个"仙人指路",刺中另一人的膻中穴。又有四五人包抄了过来,我父亲一个"拨云见日"雨伞向四周疾刺,阻止了他们的合围。向前跑几步就是74号住所了,我父亲到了门前开阔的地方,却不跑进院子,站定了,夷然面对追过来的几个人。那些人对峙着,却没人敢带头进攻,雨下得很大,很快大家都湿透了。

僵持了一阵,领头的大汉挥舞铁棍冲了上来,我父亲觑准破绽,一下子刺中他的手臂,棍子"当啷"落地。那些人看讨不到便宜,又怕鼓浪屿工部局的巡捕闻声过来,趁着夜色狼狈逃走了。

后来,我父亲说,躲得了一时躲不了一世,如果那天他跑进院子里,固然保得一时的安全,可是却露了怯,以后这些人照样不会放过他,不仅武馆办不下去,他也只能落得个卷铺盖回老家的下场。事到临头胆要壮,武术练的就是这股子不屈的精气,绝对不能丢了。

江武龙

我父亲在解放前收的徒弟,姓名流传下来的不多,如傅春华、叶天赐等,还有一位江武龙,是他最早的弟子之一。

十几年前，我的一个师兄弟在香港碰到了江武龙，先通籍贯再师门，才知道彼此竟是师兄弟。师兄弟相见分外亲热，两人聊了很久。江武龙当时也有七八十岁了，在东南亚经商，得知我父亲早已逝世的消息，回忆起他和我父亲的往事。

当时江武龙在中南银行上班，人长得比较瘦弱。有人跟他说，你身体不好，应该好好锻炼一下，刚好孙老师在传授武术，你为什么不跟他学习呢？江武龙就找到了我父亲，我父亲见他为人憨厚老实、热情诚恳，就答应了下来。

从此，江武龙每天下班后就跟我父亲到泉州路74号练习通背拳，晚上八九点才从黄家渡坐船回厦门岛内。练了一年左右，他的身体渐渐强壮起来了。他常常帮我父亲撰写文书、张贴招生广告，师徒感情十分深厚。

可惜，师徒的缘分并不长。有天我父亲发现江武龙已经两天没来上班了。跑去问银行经理，他也说不出原因。我父亲以为江武龙生病了，抽了个空，坐船到厦门岛，按银行给的地址找到他的家中。

江武龙好端端地在家里并没有生病，我父亲问他原因，他无奈地说是有天晚上回家在黄家渡码头得罪了盘踞在那里的团伙，他们威胁要收拾他，所以他不敢去中南银行上班。他对我父亲说，这些人是在鹭江道码头收保护费的流氓，恐怕有上百人，实在惹不起，叫我父亲不用费心了。

我父亲见江武龙家徒四壁，失去银行的工作对他的生活会有很大的影响，便慨然对他说："那我每天接你上下班吧。"

从此，我父亲每天一大早就坐船到江武龙家里，护送他到银行上班。晚上又送他回家。那时候我父亲在鼓浪屿算是闯出点名气，那些意图加害江武龙的人忌惮我父亲的功夫，不敢轻易动手。这样过了半年多，江武龙联系到南洋的亲戚，坐船去南洋打工，师徒二人这才在码头依依惜别。

安溪救人

我父亲还有一个弟子叫陈清辉，是他从劫匪手中救回来的。这件事情的经过是这样的。

1937年冬天，我父亲的一个安溪友人在鼓浪屿开店，家庭较为富裕，被安溪的土匪盯上了。土匪乘友人的儿子陈清辉回安溪探亲的时候绑架了他勒索巨款，朋友全家焦急万分。经过警方侦察，得知陈清辉被囚禁在一个山洞里作为人质。但匪首凶名素著，匪窟又戒备森严，加上山路崎岖迂回，地形复杂，不易下手营救。当时的政府曾几次出兵剿灭匪巢，终因山势险峻，折损了些人手，无功而返，因此不愿意再进山剿匪。

友人走投无路，只好准备贱卖产业筹资救人。我父亲刚好经过他的店铺，闻知消息后，很同情他的遭遇，便挺身而出，前往营救人质。他带领之前结交的把兄弟任寿堂等三人，由一位乡民做向导，到达安溪松林山。这里重峦叠翠，松涛林海，一望无际。找山民打听，知道山上有土匪十多人，还有几把土枪。我父亲认为不能硬闯，只能智取。

深夜二更，他们绕过哨兵，摸到匪窟，找到山洞。我父亲留下向导等二人躲在隐蔽处，作为后应，然后与任寿堂一起潜行到山洞边，时近午夜，下弦月升到树梢，朦胧中可辨人影。只见一土匪持枪坐在洞口，正在卷着纸烟。我父亲摸到土匪身后，一招"脑后摘盔"，把拇指按在了他的哑门穴上。土匪一声没吭，当即昏倒在地。洞内只有五六个土匪在熟睡，两人在山洞里搜索了一下，发现了陈清辉，他没有遇害，只是受到折磨，腿脚不便。二人迅速撬开铁锁，我父亲悄悄背起陈清辉，与其余二人会合，绕过小路，取道下山。

走到一半,在山路的一个转角,他们一行猛地碰上了几个上山的土匪。大概是在外面干了什么坏事刚要上山,土匪歪七扭八地走着,还没有反应过来。我父亲发现来不及躲藏了,狭路相逢勇者胜,他当机立断,背着陈清辉就往前冲,一下子就把两三劫匪挤了出去,他又甩了几下腰胯,施展出"一个屁股八百斤"的功夫,把其余的土匪撞倒。山路崎岖狭窄,土匪们都滚下了山坡。一行人赶紧往前冲,我父亲让任寿堂背起陈清辉先跑,他解下三节棍,殿后挡住土匪。

有几个土匪先追了下来,我父亲借着地形,藏在大树后面,从背后把他们撂倒,这才往下跑。眼看着就要脱离险境了,突然听到背后有破空声响,我父亲迅速回头,同时下意识地把盘在一起的三节棍往后挥挡,只听见一道明晃晃的光"啪"的一下击中三节棍,又"啴啷啷"掉在地上,似乎是一把飞刀。我父亲也来不及细看,加速往前冲,终于跑出了大山。后来才知道匪首外号"赛花荣",飞刀技术百发百中。

事后,陈家千恩万谢,并带着陈清辉,登门送来一百块银圆,要作为酬谢。我父亲虽然生活清贫,但他明白来意后,立即起身,奉还银圆,并说:"为朋友解难,是我应该做的事。把我看成真正的朋友,就请把银圆收回。"陈家看他如此重情重义,只好把银圆带回,同时让陈清辉向我父亲磕头拜师。

驯服英武官

当时鼓浪屿上的居民不多,据说只有上万人,却有13个国家的领事馆开在岛上。原来鸦片战争期间,英军占领了鼓浪屿,直到1845年才撤军。1902年1月,在中日甲午战争失败的清政府为了防止日本觊觎厦门,邀请国际列强"兼护厦门",与英国、美国、德国、法国、西班牙、丹麦、荷兰、瑞挪联盟、日本等国驻厦门领事签订了《厦门鼓浪屿公共地界章程》，从此鼓浪屿沦为公共租界。外国领事、传教士、商人纷纷进入鼓浪屿建造领事馆、公馆、教堂、医院、洋行、学校等，鼓浪屿逐渐成为华洋共管的国际社区。

我父亲在岛上生活，少不了要和外国人打交道，也和洋人有过切磋较量。我和师兄弟们都听他讲过和英国武官较量的事。

1936年，鼓浪屿龙头路有一家"洞天酒楼"，堪称当时岛上第一酒家，门庭若市，生意兴隆。酒楼陈老板与英国领事馆武官彼得交往甚密。彼得练过西洋拳击，也学过一些西式摔跤，在军队里没什么对手，十分藐视中国武术，喝了酒之后常常夸海口，说中国功夫不堪一击。而陈老板却是中国武术的崇拜者，只是自己不识功夫，时时听彼得吹牛，苦于没办法教训他。

某日，陈老板经人介绍认识我父亲，了解到他是沧州武林高手，应该有实力可以担当此任，便想请他和彼得一试高低。我父亲听说彼得如此藐视中国武术，也想打掉他的气焰，便欣然应邀前往。

比武那日，双方来到"洞天酒楼"大厅，彼得高头大马，我父亲体格魁梧，正是旗鼓相当。陈老板翻译一番，二人握手后开始比武。彼得企图先发制人，想要抱住我父亲，然后来个抱摔。不料我父亲洞烛先机，后退一步，彼得双手扑空。不过，彼得反应也很快，他一着失手，顺势便来记左直拳虚晃一枪，紧接着抡起重磅的右摆拳，直朝我父亲的面部打来，刹那间，只见我父亲把头一偏，迎着彼得的摆拳，使一招"白蛇吐信"，刁住彼得的右手，顺势向下一举，再向前一推，步随手进，身随脚移，一招漂亮的"顺水推舟"，彼得像断线的风筝，被打出寻丈之外，跌翻在地。

彼得见拳击不能取胜，站起身改变策略，想用西洋式自由摔跤来挽回面子。第二局一上式，他就想争取主动，先手抓住我父亲的左臂,用西洋"跪摔"的招式把我父亲掀起。不想我父亲眼明手快,身子往侧面一闪,让过彼得的"跪摔",然后抢前一步,擒住彼得的右臂,再一转身,腰胯一拧劲,就把彼得整个人腾空背起,整个动作酣畅流利,一气呵成。这就是他摔跤绝技"背胯"动作。此时,只要他一撒手,彼得就要被甩出数米远,但是我父亲只是把彼得在背上掂了掂,就把他放回地面。彼得站稳了身子后,知道双方差距巨大,不再动手,而是竖起大拇指,连声"good! good!"赞扬不止,并通过陈老板翻译,邀请我父亲到领事馆去做客,讨教中华武术的奥秘。

不打不相识,两人从此成为朋友。

离开中南银行

小时候听父亲的回忆,他在中南银行工作的那几年,工资待遇不错,生活安定,比起走镖、打仗时的风餐露宿不知道强了多少倍,导致他的身材也越发壮硕。如果能一直待下去,他肯定不想离开银行。可是天不遂人愿,在那个动荡的社会里,命运并不完全掌握在自己的手中。我父亲终于因为他的打抱不平丢了这份工作。

在荀青云《武林英豪孙振寰先生》里,这件事情的经过是这样的。

> 大概是在孙振寰和彼得比武的半年后,有一天傍晚,他到对岸的厦门港办事,路过岸边,看到五六个刚上岸的外国水兵正在追逐两个年轻的女子,旁边围了一群人,却畏惧洋人的淫威,不敢上前阻止。孙振寰就要挺身而出,却被人拉住了手,说洋人只是在玩闹而已,何必与他们较真。
>
> 可是孙振寰听到传来的求救声,哪里忍得住,他一个箭步

冲了过去,截住了这伙水兵。这些飞扬跋扈的洋人见竟然有人拦住他们的路,一个个急红了眼,仗着他们高头大马,人多势众,便"哇、哇"乱叫地向他扑过来。孙振寰看他们来势汹汹,便保护那二个女子边退边抵挡。可是这些洋人有七八人,那二位女子被困着实在走不脱。他横下心来,以攻为守,他怒目圆睁,开口大叫:"你们这些洋鬼子欺人太甚,今天就是去杀头坐牢,也要跟你们拼了。"言毕,他便抡起那多年练就的"通背铁扇掌",连劈带砍,拳打脚踢,一会儿"滚背闪劈掌",接着又是"五雷轰顶",一会儿"霸王弯弓手",忽又"黑虎掏心腿"。一路翻转滚劈,狠攻硬打,把那几个外国水兵揍得连滚带爬,脸青鼻肿,还有二个被追急了的水兵,连忙跳到海里去躲避这顿霹雳般的老拳。围观的百姓,无不为孙振寰的仗义勇为精神和精湛的武术功力而拍手叫好。

这伙水兵被打得鼻青脸肿,不好回兵营向长官交代,就向鼓浪屿工部局报案,说是被本地暴徒袭击。鼓浪屿工部局根据他们的描述,很快就锁定了我父亲。经过调查,他们也了解到这伙水兵的劣行,可是鼓浪屿工部局控制在外国人的手里,他们不能容忍中国人的反抗行为,当即就派了巡捕去中南银行逮捕我父亲,幸好黄仲训出面,才暂缓了他们的行动。彼得知道了这件事后,也积极出面斡旋,他在领事馆里的地位不低,终于保住了我父亲。可是中南银行在鼓浪屿工部局的压力下,还是免去我父亲的职务。

到英华中学任教

虽然失去了中南银行的工作,不过,黄仲训看重我父亲的武术和品德,仍然请他住在黄家别墅,专心办通背武术社。后来,黄仲

英华中学早期校舍（照片由白桦提供）

训又返回越南，从此再也没有回来。第二次世界大战爆发后，日本攻占越南，据说黄仲训受到日本人的折磨，病死异乡。

又过了一阵子，大概在1937年的夏季，英华中学招收体育教师，有个教师见识过我父亲的功夫，大力举荐我父亲去传授中国武术，我父亲开办的通背武术社正在广收门徒，自然是一口答应下了下来。

英华中学是1898年基督教英国伦敦公会牧师山雅各在鼓浪屿创办的，刚开始的时候叫英华书院，又称中西学堂，校址在现在鼓浪屿安海路的荔枝宅（吴添丁阁）附近。当时英华中学专收男生，以西式教育为主，大部分课程以英文教学。英华中学注重学生的德智体全面发展，是中国最早开展足球运动的学校，常常组织学生和外国人比赛，体育锻炼的氛围比较浓厚。

1937年日本准备大举侵华，许多日本浪人渗透进鼓浪屿，社会治安不好，学校请我父亲教武术，也有让学生掌握一定的防身技能的用意。解放后，英华中学并入厦门二中，保留了这个传统，他们再一次聘请我父亲担任体育教师。我父亲在英华中学（厦门二中)培养了许多武术的人才,这是后话,我们在下一章还会再讲述。

厦门二中出版的《鼓浪弦歌》

2018年,厦门二中(整合了英华中学、毓德女校、怀仁女校、厦大校友中学和鼓浪屿华侨中学等五所学校)在英华中学建校120周年、毓德女校建校148周年之际出版的《鼓浪弦歌》(主编何丙仲)介绍了校史上比较著名的校友,其中有篇文章《厦门二中武术出了全运会亚军和银龙八段》(作者肖格安),介绍了我父亲的高足、原厦门市鹭江大学副校长施载煌,里面回忆了我父亲在学校传授的课程:

> 解放前后,孙师传给二中学子的套路有拳术10套:打膀子、晃膀子、溜腿架、"新武术"、六路谭腿、梅花架、功力架、八挂拳、小八极、抹面拳;徒手对练8套:小连环、大连环、大八极、桃花伞、十二连锤、八步勾、拍捶、地盘锁;器械8套:梅花

枪、达摩剑、梅花刀、七星刀、七门枪、六合枪、春秋大刀、七节鞭；器械对练11套：对劈刀、第一梅花对扎枪、第二梅花对扎枪、大刀破枪、双刀对枪、单刀拐对枪、梢子棍破枪、三节棍对枪、三节棍擒枪、空手夺枪、空手夺梢子棍。还传授通背拳根基功夫"千斤棒"、劈挂根基功夫"劈草纸"和中国式摔跤。

我国的武术家能教出37个传统套路的，确是为数不多，而且全部武术器械及中国式摔跤都是1934年从沧州盐山带来的。这些套路今都藏在母校1955届至今海内外校友双袖中（厦门话讲"拳头收在袖子里"）。

这么多个武术套路要教给中学生，现在的普通中学是办不到的，只有专门的武术学校才可能了。但是当时的学生课业没有这么繁重，学生还是有时间练习武术套路的。有的学生在学校跟我父亲练了武术后，业余还有兴趣进一步深造的，往往就到泉州路74号的通背武术社正式拜师学艺，所以后来我的师兄弟们很多都是厦门二中的学生。我父亲也很喜欢教这些学生，他常说，练武不能靠蛮力，还要多动脑、能活练，英华中学的这些学生不仅有文化，有礼貌，身体素质又好，学起来特别快，他教起来也很开心。

抗战期间的鼓浪屿

卢沟桥事变爆发后，日本加快了全面侵华的步伐。1938年5月10日，日寇在厦门五通码头登陆，早就潜伏在厦门的日籍浪人，趁机在民国路（今新华路）升起"太阳膏药旗"充当内应。5月13日，日军控制厦门全岛，厦门沦陷了。在日军占领厦门7年零4个月漫长的日子里，日本侵略者给厦门人民带来极其深重的灾难，厦门社会发展完全停滞，工商业萧条，民不聊生。

日本占领鼓浪屿时期粉饰太平的招贴画（照片由陈亚元提供）

　　刚开始，日军还没有占领鼓浪屿，因此，厦门岛上的老百姓纷纷躲到鼓浪屿避难，许多学校教室和教堂成为临时的难民营。日军加强了对鼓浪屿的渗透，英华中学的学生传唱岳飞的《满江红》，宣传抗日救亡运动，被日本通过鼓浪屿工部局施加压力，予以制止。岛上的那些日本流氓本来就对我父亲怀恨在心，也通过工部局向学校施加压力，说我父亲之前参过军，对抗过日本人，要求免去我父亲在英华中学的教职。好在我父亲多年镖师生涯，养成了守口如瓶的职业习惯，再加上他平时沉默寡言，从不向外吹嘘自己的经历，因此，当时没有人知道他参加大刀队抗日的历史。日本人查不出确凿的证据，虽然逼得学校免去了我父亲的职务，但是在整个厦门沦陷期间，他们也没有找到加害我父亲的机会。

　　据说我父亲年轻的时候喝酒很厉害，刚来厦门的时候也有千杯不醉的酒量，可是我长大后从来没有见他喝过酒。有一次，我听母亲说，那是因为父亲在日本占领厦门期间，怕喝酒误事，吐露自己在大刀队的经历,连累到家人,索性把酒戒了。

那个时候,彼得也随着英军撤出了鼓浪屿,从此和我父亲失去了联系。1941年12月8日,太平洋战争爆发后,日寇占领鼓浪屿,厦门人的日子更艰难了,但是中国人的抵抗运动从来也没有停止。我的师弟侯朝声,讲述了他父亲的一件往事,值得在这里插叙一下。

侯朝声的父亲侯石樑是福建南安人,抗战期间在鼓浪屿开办黑猫歌舞厅,日本侵略军常去歌舞厅喝酒作乐,侯石樑乘机为盟军收集情报。1945年某日,一个日本军官在歌舞厅喝醉酒后吹嘘曾参与轰炸珍珠港,击杀美军无数,又透露某日某时将乘船出海。侯石樑将情报辗转传递给盟军。盟军飞行员如期在海上炸死日军将领。日军追查泄密渠道,将侯石樑抓获,关押在鼓浪屿原英国领事馆内,择日枪决。幸好临刑前日本天皇宣布无条件投降,侯石樑才逃过一劫。

我回忆起父亲跟我说过的故事,其中有一段是日本占据鼓浪屿的时候,他的一个朋友因抗日被日军抓住,关在英国领事馆内。他的家人求助无门,找到了我父亲。我父亲因与彼得相识,曾去过英国领事馆,熟悉那里的地形,因此约了几个人,准备在夜间动手。不料当天夜里,日军不知道什么原因,增派了在领事馆的警卫,救人的行动只好取消。至于救的人是不是侯石樑,现在已经无从考证了。

那个时候,华北平原都在日军的铁蹄践踏之下,我父亲回不了家乡,就在鼓浪屿居住下来。后来有人给他介绍了一个鼓浪屿上的姑娘,过了不久两人结了婚,这就是我的母亲,名字叫杨秀贤。

融会贯通

1941年日本占领鼓浪屿后,练武术的学生基本没有了,为了维持生计,我父亲在鼓浪屿菜市场外面摆个杂货铺,卖香烟等杂货,日子过得很清苦。有一天,突然有几个日本浪人找到泉州路74号,说是为了中日亲善友好,邀请我父亲去他们的武馆教拳。我父亲断然拒绝了。他们又再三来纠缠,有一次还带来了日本宪兵。我父亲索性把通背武术社的牌子摘了下来,对外声称自己年纪大了,伤病缠身,从此退出武林,这才阻止了日本人的纠缠。

这样,我父亲就不能在公开场合练武了。可是他并没有把武术放下。泉州路74号地下有些比较大的房子,我父亲把它改造成把式房(天津的说法,就是练功房),夜深人静的时候,他就在里面练武。解放后,社会环境不允许练习实战格斗,我父亲在外面的场子教学生练套路,如果有学生对实战比较感兴趣的,我父亲也在把式房里稍稍指导一下。

抗战胜利后,直到解放前,鼓浪屿的社会经济一直没有恢复过来。通背武术社的牌子也没有再挂上去。但是这段时间,我父亲终于有时间把他从沧州左东君学来的通背劈挂拳套路、天津护镖的时候辗转学来的摔跤、新武术、太极拳等技法,以及和鸡公山老道学来的内家拳法,好好地梳理了一下,除了将这些套路编排、定型,在长期的练习中,也将它们优势互补、融会贯通起来,形成了自己独特的风格。其中,他创编出的通背元式太极拳既有太极拳的特点,又融入了内家功夫和通背拳的运气特点,值得介绍一下。

通背元式太极拳

孙庆演练通背元式太极拳

一、通背元式太极拳的特点

(一)通背元式太极拳是意气力相统一、相凝集的整体运动

1."意"即意识,指人的思维活动。

2."气"有二层含意。一指"元气",即"真气",是与生俱来的生命的活力;二指"元气",通过后天五谷精微及大气的滋养,以及锻炼所逐步培育起来的,人体各器官和组织的功能和具有的能量,如胃气、肾气等。

在行拳时,则要求以意领气。即以人的思维活动为主导,"先在心后在身",带动周身各部位的功能和能量,有意向、有目的地协同蓄势和发劲,即以气行身,以气发力。

3."力"则是全身各部位总能量的释放,最终能量的爆发又充分体现了人的意图。这便是意气力的高度一致,这就是"通背心法"。

(二)要求以腰为主宰

练习元式太极拳时,要讲究全身心整体谐调的运动。而腰部是全身的重心所在,也是上下肢体联系的枢纽部。以腰行拳,则可达到牵一而动百,一动而全身无有不动的效果。故《太极十三式歌》有"命意源头在腰隙""刻刻留意在腰间"之说。

因后腰与前腹是紧密相连在一起,腰部的启动是以前腹丹田的肌肉群收腹、内转为起始,带动腰转,再上传至脊、肩、肘、腕、手;下传至胯、膝、踝、脚,由内到外,节节贯串,依次传递。手脚间哪怕是极细微的弧形或圆形运动,都是腰腹部走弧形或圆形的外在表现,都是由内向外的延伸。这便是"内不动,外不发","腰不转,手不移"的要求。故拳谚有"掌腕肘和肩,背腰胯膝脚,周身九节劲,节节腰中发"之说。

而配合腰部的转动,四肢的运动犹如轻柔的树梢或柳条,随着枝杆(腰身)的旋转或摆动,自然而然,顺势而为。

若四肢脱离腰部的带动而主动作为,这只是突出局部有限的力量。若以腰部驱动四肢,则是全身上下,内外协调,共同完成蓄势和发劲的动作,这是全身整体的力量在运行。所以元式太极拳有"腹部的运动""腹部在打拳"之说。

为了增加大脑意识对腰腹周边小肌肉群的掌控力,使之更轻灵圆活,运行自如,通背元式功法,有一套完整的训练方法。它依据太极图里的大小周天的运行轨迹,全方位、多角度的来"流动"腰腹周边的肌肉群。只有经过这些功法的系统训练,才能在"以腰为主宰"的太极拳运动中,让腰腹真正担负起中流砥柱的"轴承"作用

（大小周天太极图运行轨迹，见通背元式功法专题阐述）。

推而广之，无论南拳北腿，内外拳家，还是文艺体育，高雅运动如网球、高尔夫，或舞蹈项目，"虽变化万端，而理推一贯"，只要有形体的运动，那太极拳里以腰为龙头，带动全身整体用力的运动方式，是一贯的真理。

用这种方法，我曾结合到从没练习过的南拳套路上，参加1975年第三届全运会的武术比赛，取得了福建省南拳参赛运动员中的最高分，被第三届全运会武术竞赛委员会调研组点名评论为"南拳多上肢运动，以气催力，步法稳健，拳势激烈"，刊登在当年《新体育》杂志上。

邵意强演练通背元式太极拳

（三）通背元式太极拳对"轻""松"有严格的要求

所谓的"轻"，是指支撑或运行肢体所需的最小的力量。若力量不足，则肢体瘫软松懈，无力支撑最基本动作，此称为"懈"。但

"过犹不及",超过肢体运动所需的力量,则会使动作僵硬、迟滞。故有"一羽不能加,蝇虫不能落"之称。而"轻"则生"松","松"生"沉",松越彻底,沉劲越大,使肢体有坠落感。

具体应用是:站姿要立身中正安舒。四肢放松下坠,就像用线连接,挂在躯干上,完全处于被带动的状态。而躯干就像收起的雨伞,独剩伞柄,在直立支撑着主伞的重量。此时的虚灵顶颈,含胸拔背,也就自然而然的呈现。四肢的运动,则像提线木偶,上肢提线点在手腕,下肢在膝盖。由丹田旋转,将手腕或膝盖带起。而与手腕相连的肩、肘关节,有如链条般自然垂落,呈现"沉肩坠肘"之态;与膝相连的腰部,则要求轻灵,圆活,上下贯通,带动四肢,而胯部以沉稳为主,在灵活的位移中稳定重心,故有"松腰落胯"之称。在此,双脚要提供支撑全身重量及完成动作所需的力量。故有"其根在脚,发于腿"之说。要求下盘沉稳如磐石,中盘灵活如落珠,上盘轻盈如杨柳。上中下盘,各司其职。

(四)通背元式太极拳的发劲

1.太极拳的发劲要求是用全身整体的力量,协同作用,瞬间爆发,而不是局部的力量,单独的展现。它是在意识的指导下,由丹田旋转启动,带起腰胯,再传及四肢,周身共同参与的爆发力,即"始而意动,继而气动,再而劲动"。

2.爆发力是以周身的"松""柔"为前提。王宗岳《十三势行功心解》有"发劲须沉着松净,专注一方"之说。因为每个动作的完成,都有赖于相关的伸肌群及屈肌群的共同协作来完成。肌肉伸直了之后再由屈肌群把它复原,反之亦然,这是由人体生理的解剖结构所决定的。若肌肉没有完全放松,任何一组肌肉的收缩,必然会受到与它对立的另一组肌肉的拮抗和牵扯,这样就白白消耗了自身的一部分力量,使之不能完全地释放出来,故才有"极柔软,然后极坚刚"之说。

3.太极拳行走的路径是非曲即圆。"动作走弧形,周身成一体",圆弧形的行走路线是为了造势蓄劲,即在意识的指导下,调动全身各部位的功能,协调配合,蓄存"运动势能"。处处玄机,含而不露,引而不发,发必中的。故有"用意不用力"的提法。而它的发劲则是"曲中求直,蓄而后发"。蓄劲如开弓,发劲如放箭,蓄劲满,则发劲足。"蓄劲"是依据阴阳转化消长,欲阴先阳,欲左先右,欲下而先上的从"反向求"的原理,来增加它的"势能"。像敲钉子,锤子要先上扬再下敲,同一道理。

4.太极的劲力分两种。一种是软弹力。它带有突然和快速性,但力道不足,它只适宜攻击面部五官敏感部位,以突袭为主。而第二种力为贯穿力。力量恰似从对方的下巴穿透至后脑勺,是为重击。缺憾是动作的恢复较慢,易被"防守反击"。故多与太极拳的"以柔克刚""借力打力不用力"的原则结合使用。

庄国民演练通背元式太极剑

二、通背元式太极拳的养生和健体

纵观史上内外家各拳派,都把养身健体视为开宗首义。《太极拳论》原注云:"欲使天下豪杰延年益寿,不徒作技艺之末也。"王宗岳在其《太极十三势歌诀》中亦说:"详推用意终何在？延年益寿不老松。"特别是冷兵器时代已走入历史的当今,太极运动有如燎原之势,传遍世界各地,这应该得益于太极运动本身的养生功能及所涵盖的拳理。

首先,练太极拳要求"静"。练拳即是运动。这里的"静"是要求"动中求静"。它包括"心静",指全神贯注,专心练拳；又指"体静"。行拳要松柔,匀速、轻盈。要求"迈步如猫行,运动如抽丝"。要像猫一样专注机敏,蹑足无声；而运动又像蚕茧抽丝,往复轻柔,牵扯不断。达到"内固精神,外示安逸",用思想行拳的练意境界。在这种意识的指导下行拳,大脑皮层会产生适度的兴奋,这样就使杂乱纷繁的思绪,烦恼忧愁的压力,渐渐宁静下来,以达"一念止万念"的功效。既抑制了大脑皮层的不良兴奋点,又增加大脑细胞的"有序化",以提高神经系统对各器官的调节作用,并调动人体的各种潜能。

其次,练习太极拳是一种肌肉静力性收缩的锻炼。它要求心静,体松,匀速地行拳,这样,就促使周身因紧张而处于部分关闭状态的微循环得到充分开启,使血液能够畅行无阻地流向身体各处,保证各器官及肌肉群物质和能量的交换,使人感觉神清气爽,精神焕发。而练习外家拳或跑步等激烈运动,人体为了供给激烈运动的肌肉群足够的氧气和热量,则会应急地半关闭与该肌肉群运动暂无关联的组织的微循环,从而促使全身的血液流动走捷径,把更多的血液集中起来,直接供给激烈运动的相关肌肉群,这样周身就难以得到均匀的血液供应。故有"外家拳多以身殉技，内家拳是以技养身"之说。因此，也才有"内外兼修"的需要。

再次，练太极拳是以丹田的鼓荡旋转为启动，带动腰身四肢配合运动。而腹部脐下三寸处的丹田，该处接近腹腔神经丛及骶神经丛，同时这里也是多种脏腑的汇聚地。丹田的旋转运动，则有直接按摩内脏，促进肠道蠕动，增强血液循环的功效。

最后，也是通背元式太极拳所特有的功法。根据不同个体养身或康复的各种需求，有针对性实施"个性化的定制"。它是通过"通背元式功法"的运行后，周身的微循环已充分打开，再适时把气血进一步引导到所需的重点位置，如脸部、眼睛、腰部，再进行局部的周天循行，来增加局部的血液循环，以达祛瘀生新，更快地修复受损的组织，恢复健全的功能。这也避免了不分需求，全部以"一拳（太极拳）要治千病"的尴尬。"通背元式功法"这种差异化的锻炼方法，对于运动系统诸多疾病的康复，以及美容、眼健等均有不错的功效。诚然，传统的推拿按摩对于打开肌体局部的微循环功不可没，但全身的大循环没有跟进，不能源源不断地把血液输送至所需的部位，局部所打开的微循环也只能成为无源之水，无本之木，疗效也自然差强人意。

三、如何练习通背元式太极拳

王宗岳《十三势行功心解》提出要"先求开展，后求紧凑，仍可臻于缜密矣"。是说先练外形，即练体。而练体除姿势正确外，重点是要"轻"。把多余的力道都放下（前文已有专述）。这样才能"松"和"柔"，才有轻灵圆活的基础。

其次，运动起来则以丹田转动为起点，带动腰转、胯转、身转、手转和脚转。手眼身法步，协调互动，做到上下相随，内外相合，刚

马祎凯演示通背元式太极拳

柔相济、虚实分明。以期达到"一举动周身俱要轻灵,尤须贯串"。这是张三丰《太极拳经》里提到的要求。

而后,在每个动作之间的衔接,则要求式断而意不断,生生不息,了无止境,像行云流水般,绵绵不绝。"往复需有折迭、进退须有转换"。在腰的带动下,上有两臂相系,下有两腿相随。"折迭"的重点讲两臂:前式运行到位,不能停止,要顺着来势的惯性,再延伸。而后,才弧形迭回原路,进行下一式的运行,这就是"遇迭延伸"。"转换"主要讲两腿:一是线路上的转换必须走弧形,腿脚进退不能走直线,一脚要先收到另一脚的内侧才能进退;二是指前式运行到位也不能直来直往,生抽硬拔,必须将原实脚顺着来路的惯性再下沉,然后松胯转虚,运行下一式。这是虚实上的转换,就是"逢转松沉"。——这些招式间的衔接,使劲力断而复连,"一波未平,一波又起;一势将尽,一势随生",韵味缠绵浓厚,悠悠不绝。

最后,经过功法和套路的训练,做到式正招圆(式是相对静态,招是相对动态),出手投足,都有板有眼,不离规则。而后就要逐步向练意和练气的方向转化(具体方法前文已述),以达到"外重手眼身法步,内修心神意气力"的内外双修的境地。达此意境,则可舍外求内、重意不重形。欲开展,可身姿大方;求紧凑,则动作可就小;练功力,可放低姿态;护膝踝,则就高身架。如此行拳,自然而然,随心所欲,从有形的羁绊,到无形的神游,像见首不见尾的游龙,又似万里行空的天马。随意而变,随境而化,挥洒自如,无法为法。

四、通背元式太极拳的动作要领

1.立椎正形。要求以最小的力量,保持身形中正,自然舒展。脊柱犹如中流砥柱般把松柔的人体百骸支撑起来,这样才能做到松而不懈,柔而不软,有如绵里藏针,柔中带刚。

2."虚灵顶颈""含胸拔背""沉肩坠肘""松腰落胯"。这几项是要求身型各部分的松静柔缓,从而使全身毛细血管充分开启,使血液能够畅行无阻地流向身体各处,保证各器官及肌肉群里物质和能量的交换。

3.气沉丹田。"丹田"指脐下三寸之处。以生理学言之,它是人体重心所在,也是人身上下体黄金分割点。从解剖学上看,该处接近骶神经丛及腹腔神经丛。这些神经丛支配着众多器官及脏腑的功能,这些就是所谓的众多真气的汇聚处,亦通称"气海"。"气沉丹田",要求周身松柔,下腹微收,似有鼓荡灵动之感。

4.以腰为轴。王宗岳《太极十三式》指出,"命意源头在腰隙",意念的起始源头,要从腰间开启。气沉丹田,内气鼓荡旋转,围绕腰轴呈弧形或螺旋运动,进而由内及外,带动上下肢体协调运转,以达到内外相合、上下相随的境界。这样既按摩内脏器官,又畅通了周身血脉,灵活四肢筋骨。腰轴运转路径如下:下身以转腰、旋骶、带髋,以髋带膝,以膝带踝,踝带脚,脚随腰转,劲根于脚;上身以转腰旋背,以背带肩,以肩带肘,以肘带腕,以腕带手,手随腰转,劲达指端。腰一动全身动,腰一转全身转。犹如拨浪鼓,两小锤(喻上下肢)随鼓杆的捻动(喻腰动)而摆动,达到"一动无有不动,一静无有不静"。

陈建发演练通背春秋大刀

5.用意不用力。意守丹田,意到气亦到,气动身亦动。意动先行,继而内动,然后形动。外形看似轻柔,如影如叶,若隐若现,在似有似无间。

6.绵绵不断。行拳要匀、慢、圆、活。就是要匀速,缓慢,圆劲,松活。环环相扣,如行云流水,连绵不断,生生不息,了无止境。

7.虚实分明。要求虚而不飘,柔而不软;实而不滞,刚而不僵。这便是过犹不及、中正守和之理。而虚实、刚柔、动静这些阴阳对立的两面都可相互转换变化。

8.呼吸自然。练习太极时,采取自然呼吸的方式。不受动作的约束和支配,依照自身的呼吸需要和习惯,均匀连贯地呼吸。不急不躁,顺遂自然,把意念专注于动作,甚至逐渐忘却呼吸的存在,达到师法自然的境界。

孙庆指导学生练习通背元式太极拳

五、通背元式太极拳的修养

这里是专指精神文化层面的修养。太极拳理,是中华五千年传统文化的精华。它既指导拳术的演练,又引领我们对宇宙和人生的理解,以及对人品道德的修行,是生命双修的人生宝典。

古言"修艺必先修德,德成艺仍立"。而德的核心是"仁",儒家强调"仁者爱人",认为"夫仁者,己欲立而立人,己欲达而达人""己所不欲,勿施于人"(《论语》)。这是精神修养,人格净化的最佳途径。在人际交往中,要以仁慈、宽厚、善良的博爱之心来待人接物。

而在更宽广的层面上,道家文化提示:"天地与我共生,万物与我同在"。人与宇宙是一个整体。人的生命过程,是顺遂宇宙大化流行的结果。东方人体文化的养生学,不仅是为了个人的长寿,也指明了人是宇宙中的一分子,对大自然要心存敬畏。只有遵循自然的规律,顺应客观的变化,随曲就直,顺势而为,才能获得生存和发展,才能达到宇宙、人、物的和谐统一,即"天人合一"的最高境界。

第五章

一代宗师

成为鼓浪屿人

2018年,我父亲已经离世46年了,为了收集他的往事,我走遍了鼓浪屿的大街小巷,在老厦门人的记忆碎片中,尽力去还原出我父亲完整的形象。很经常地,我在与别人谈论我父亲往事的时候,旁边就有人插话进来,述说他们对我父亲的印象。在这些街坊邻居或我父亲的弟子的心中,我父亲除了是一位有着传奇故事的武林高手,更是一个在生活中朴实慈祥的邻家大叔、可依靠的尊长。

我父亲晚年的时候,每天下午的三四点总去鼓浪屿街心公园与老朋友、街坊们泡茶、聊天。有一次泡茶的时候,对坐的老朋友问我父亲能不能把他抬起来,我父亲也不起身,只把双脚插到对方座椅下面,两脚平举,就这么把人带椅举过了膝盖。而那时,我父亲已经将近70岁了。

还有一次,大概是上世纪五十年代的某一天,我父亲带着一个弟子经过厦门的闹市区,弟子不小心踩翻了一个菜贩的箩筐。当时厦门刚解放没多久,民间还残留着一些野蛮现象。菜贩当场就揪住弟子的衣领,高价索偿。我父亲赶忙上去劝阻。菜贩是个彪形大汉,在菜市场横行霸道惯了,听不得好言相劝,转而对我父亲口出恶言。我父亲也不动怒,只是掰下了他抓住弟子的手。没想到菜贩认为我父亲软弱可欺，挥拳打向我父亲的胸腹。我父亲也不还手，只是避开要害，任由菜贩击打。菜贩连击十几拳后，心虚不敢再打，刚喘了口气，赫然发现两臂青肿，僵直不能屈伸了。我父亲这才告诉他："年轻人火气太大了，今天幸亏我练了点武术，不然非被你打死不可。但是你要是遇到脾气暴躁的武者，非把你打死不可。"说完，又拿出一个小瓷瓶，倒出跌打内伤丸让他吞服，并告诉他："手臂要休养半月才能复原。"

孙振寰先生与弟子合影

我父亲前半生侧身行伍与镖师行列，却没有沾染上士兵的痞气和镖师的江湖习气。他时常教导我要特别注重武德的修养，要"以德服人，而不是以力压人"。又说："艺本于德，德有余者艺必精"。只有道德高尚，心无杂念，不为名利所困的人，才能正气凛然，无私无畏，勇攀武术的最高峰，并以此效力于社会，服务于民众。在生活上，我父亲也洁身自好，不沾烟酒，简朴持重，堪称处污泥而不染。平时，他沉默寡言，慈眉善目，从不牵扯是非，论人长短，特别是同行之间，他更不揭人所短。

洪敦耕是我父亲解放后的大弟子

解放后,人民政府安排我父亲在一家杂货合作商店工作。他心情舒畅,努力做好工作,同时也坚持不懈地练功。看着社会渐渐安定、百废俱兴,他重新开办通背武术社、将通背劈挂拳发扬光大的念头也逐渐滋生起来。不过,新社会开办武术馆并不容易,还需要一个契机。

1952年的春节,同事、武术界的好友纷纷到我家里拜年,我父亲邀请他们一起吃饺子。午饭后大家闲坐聊天,乔仲敏喜欢唱京剧,就请我父亲舞春秋大刀,他唱关云长过五关斩六将。当时邻居听到声音都来围观,要求大家接着表演技艺。于是任寿堂演练龙虎双穴,于善宝演练太极拳,乔仲敏能文能武,也练了趟八卦拳。我父亲一时兴起,演练了虎尾三节棍和六合枪。又意犹未尽,说:"新春佳节,敞人表演硬气功,聊助余兴。"说完,他让人两人手持一根碗口粗的锄头柄,横放在眼前。他运气作势,右掌迅猛一劈,锄头柄应声而断。观看的人大声地鼓掌喝彩。

这之后,开始有人陆续地要来拜师习武。我父亲在解放后收的大弟子是洪敦耕[①]。他撰写了不少武术方面的著作,在《讲武论

[①] 洪敦耕,1938年出生于厦门中医世家,1964年毕业于福建中医学院,并留校任教,"文革"下放后调入漳州市中医院。业余积极推广武术运动,1983年被评为全国千名优秀武术辅导员。

1985年移居香港,以行医教拳为生,并先后在香港中医学会等社团、香港大学及香港浸会大学教授中医课程。被聘为香港福建体育总会及香港厦门联谊总会顾问。2010年2月,获国际南少林五祖拳联谊总会授予"荣誉十段"的称号。

洪敦耕自幼嗜武,先后拜师孙振寰、柯金木、万籁声为师。曾获全国武术比赛南拳第五名,华东区(六省)武术比赛南拳冠军。曾任国家一级武术裁判员,福建省武术协会秘书长,福建少林五祖拳研究会副会长,福建省武术代表队教练。

道》中,他讲述了和我父亲的学艺经过:

我于1938年出生于厦门鼓浪屿,因避战乱,迁入内地(龙海角美杨厝社)。抗战胜利后,因内地盗匪猖獗,乃于1947年迁回鼓浪屿,入读鼓浪屿福民小学。

我小时候喜读历史小说与武侠小说,如《水浒传》《三国演义》《蜀山剑侠传》《大侠霍元甲》等不下几十部,深中书毒,幻想飞檐走壁,因此课余常聚集群童玩武侠游戏,与施载煌等五童"桃园结义"。

当时社会,家家户户都以木柴作燃料,有浮宫白水营某个樵夫,长年挑木柴来家贩卖。他每次卖完,会坐在楼下花园边的石阶上抽烟小憩,有时群童围拢,他就会说些故事,特别是武侠及乡间拳师的轶闻。他口才甚佳,说到精彩处,则起身作出白鹤亮翅、关公脱袍等动作。我认定他是武功高超的隐世奇人,一定要拜他为师,纠缠多次未果。实际上他是"嘴把式",难为人师。被我缠得紧了,有次,他对我说:"你既然这样嗜好学拳头,我带你去拜一个好师父,他是山东武林高手,我认识他岳母。"

于是约定时日,群童蜂拥着跟随樵夫去泉州路黄仲训别墅(黄仲训别墅坐落在鼓浪屿日光岩下,黄宅前后有花园,庭院甚大,楼高三层,地下室数间供孙师居住)。当时正是盛夏傍晚,一行人进入别墅,我就看到庭院中排着一张八仙桌,正中坐着一个彪形壮汉,赤裸上身,肚大如箕,酷似弥勒佛,正在吃饭。樵夫带群童到前,用闽南语向孙师的岳母说明来意,岳母再转告孙师(不识闽南话),商谈结果,答应收徒,愿学者每日清晨到他家学习,每月学费2元。

我回家一想,外祖母每月有零用钱给我,我可节省下来,学费不成问题。当时,孙师在鼓浪屿菜市场门口摆个小摊档,贩卖香烟、火柴、肥皂之类的日用杂货。某日,我带着学费到他座前说:"师父,我要跟你学。"把两元钱给他,孙师接过,对我一瞪眼问:"你的钱从哪里来的?"我答:"是阿嫲给我的。"他说:"好吧。你明天早晨可以来学。"那天就是我的学艺纪念日:1953年8月5日。那年我是十五岁,正合"吾十有五而志于学"。

以后,施载煌、陈永良、陈建华、乔石麟、吕灿耀、杨汉国、蔡友灿、蔡友旭等人陆续来学,还有孙师的幼子孙庆也一起练武。所以我成了孙振寰的大弟子。之前,有傅春华也拜孙振寰为师,因名气不如我,但我仍尊他为师兄。不久,我即帮助孙师重新创办"厦门通背武术社",代贴"招生广告"。

1954年秋,我跟孙振寰老师学艺已一年,孙师教我们"三节棍擒枪"套路,我持三节棍,陈建华师弟拿枪。当时孙师家里的武术器械都是"真家伙",孙师叫陈师弟拿棍当枪,不给真枪。我很喜欢枪头的红缨,几次叫陈师弟拿红缨枪来对练,比拿棍好看,但孙师不肯,只好作罢。现在还记得,是某星期天早晨,我与陈师弟在院中练习时,突然外面有同学叫他,他一分神,原是对准肩膀的枪头,却对准我的鼻梁扎来,我一时措手不及,三节棍没有拨开,被陈师弟的棍头扎中鼻骨正中,即时鼻血如注,孙师闻声走出,帮助止血,陈师弟惊慌不已。

回家午饭时,外婆见我鼻青脸肿,询问原因。我不敢实说,怕因此阻止我继续学艺。就撒谎说:"走路不小心撞到石角。"当时年轻,既不求医,也不敷药,大约过了一个月,就恢复如常了。

几十年以来,每当回想起这件往事,就有点后怕。试想当时陈师弟如果是拿真枪,枪尖一定会从鼻梁边滑脱,扎入眼眶。枪尖是铁的,且日久生锈,有医学常识的都会知道,这一枪是会致命的,即使不死,独眼残疾无可避免!回头一想,应

孙振寰与洪敦耕合影

该说孙师有先见之明,知道真刀真枪对练时有风险,果然不出所料。从这一点,我是十分感激孙师对学生的爱护和高度的责任感。

孙振寰与施载煌、洪敦耕等弟子合影

1957年，我与施载煌同时毕业于厦门第二中学，高考后，我被录取入苏北农学院，施载煌被录取入合肥工业大学。升学前与孙师及同门师兄弟合影留念。

重办通背武术社

那时候，新中国刚刚诞生，对各民族民间传统体育活动十分重视。1953年11月8日至12日，全国民族形式体育表演及竞赛大会在天津市民园体育场举行。在5天的比赛中，145名武术运动员进行了表演，仅拳术一项就有少林、武当、八卦、太极、通背、螳螂等139种。比赛结束后在全国掀起了武术表演热潮。厦门市也组织了一场武术表演，当时厦门的体委负责人听说过我父亲的事迹，就邀请我父亲去表演，我父亲那时虽然已经56岁了，但功夫一点也没落下，因此爽快地答应了。

武术表演很成功，大家都说鼓浪屿住了一个大武术家。于是，我父亲顺势向有关部门提出要重办"通背武术社"，很快就得到了批准。1953年底，我父亲离开商店，在泉州路74号重新挂出通背武术社的招牌，广招门徒。

当时的通背武术社有两块露天训练场地，大的一块在黄家别墅的正面，面朝泉州路，小的那块在后面，面朝着安海路。别墅内的地下室内有"把式房"，用来练习摔跤和实战。后来，练习的人越来越多，最多的时候每次有近百人，两块场地挤得满满的，我父亲安排一部分学生到日光岩内郑成功纪念馆前的空地进行训练。

我父亲还购置了木桩、沙袋，购买了刀枪剑棍等器械，具有相当的规模。

据了解，在当时全国能够开办武术社的实属凤毛麟角。从此，

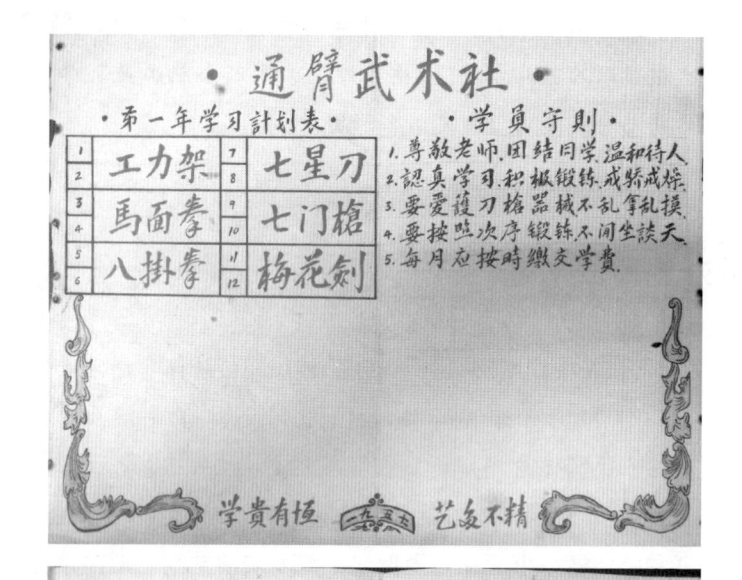

通背武术社的招生简章

我父亲带着门下的弟子在福建省和全国的各类武术比赛中，摘金夺银，缔造了厦门市武术界的辉煌，也奠定了我父亲在武术界中一代宗师的地位。

在1953年,我年仅5岁,开始参加我父亲的训练。过了几年,我也帮助父亲训练刚入门的弟子,教些基本功。我父亲传授技艺的时候,首先强调的是武德的训练。他常常告诫我们要"让一让二不让三",意思是面对挑衅行为要多忍让,不要冲动,但是如果对方再而三地挑衅,也要勇于出手。当然,这里强调的是指与普通老百姓而言。若遇歹徒,当然是见义勇为、当仁不让。

孙庆(左)、陈发淼(右)演练三节棍进枪

在武术训练的时候,通背劈挂拳遵循"会、对、妙、绝""慢打架子快打拳,急出招"等口诀,经历由浅入深,循序渐进,再由博返约的过程,使功力日臻完善。

初学时,先进行腰腿基本功的训练,俗称"打拳不溜腿,终究是冒失鬼"。在训练腰腿功的同时,也进行架子拳的学习,如练"梅花架""功力架"等套路。在初练套路动作时,不求动作的快捷和变化,只要细节的规范和工整,旨在进行手型、手法、步型、步法的定型训练。尔后,再进行一招一式的寸劲和发力的训练。待架子拳打下坚实的上下盘基本功之后,进一步练习拳术、器械、对练、技击，则快而不毛，猛而不乱，功架清晰，手眼分明，身法自然。故有"功力架子通背拳"之称，把架子拳视为通背劈挂拳的根基。

杨启伟演练功力架

在套路训练中的劲道，主要讲究"辘轳劲"，两臂直伸成掌，进行轮劈，要求放长击远，双臂带风，既快且狠，势如破竹；进而讲究"滚勒劲"，以腰为轴心，以滚为纲，连续翻滚不息。如拳术中的"滚背闪劈"，又称"五雷轰顶"，一路翻转滚劈，接连五掌，铺天盖地，如雷闪击。另外，对于劈挂劲，吞吐劲等的训练，分量亦相当大。要求臂、腰、胯结合，手、眼、身相配，由腰背发劲，通贯全臂，劲达指掌。

在进行拳、械套路的练习后，再进行力量、硬功及灵巧的训练，为技击散打打下牢固的基底。练法有举石担、抛石锁、扔沙袋、打木人、捆木桩、踢沙包等。其中，训练"铁沙掌"的方法是把沙包置于铁架上，练者站弓步，用掌、指、臂，反复摔、拍、劈、戳，功成称为"通背铁扇掌"。另外，也把沙袋捆绑于双臂及小腿上，进行轮劈摔打、跳跃弹踢、迂回闪躲等速度、力量和灵活步法的训练。要求"出手动腿,急如鹰隼;跳跃闪躲,疾如猿猱"。

在功力劲道训练的同时,也进行贴身擒拿、反关节的演练。其中,扛捍劲、旋转劲、走化劲、阴柔劲等的掌握,更能体验"以功力为本,以智巧为先"的擒拿奥秘。而与此同步展开的还有摔跤的磨炼。其中,抱腿摔、过背摔、大德合、小德合、手别子、左右挽、挑勾子、划勾子、裹倒勾等常用的招式,是必修的课程。

在技击散打训练中,要求出拳要快要准。拳谚说:"长打短、快打慢、慢打站。"同时也强调"遇弱强攻,逢强智取"等战术。

对敌的时候,以灵活的步法,前后左右,迂回闪躲。用声东击西,引上打下的运动战术去寻求战机。其中,穿、蹦、跳、跃、吞、吐、浮、沉,要身姿轻灵,步法敏捷如猿猴。在迂回闪躲中,相机用腿法去拦击或进攻对方,故有"通背长拳带猿腿"之称。而一旦有机可乘,则见缝插针,用冷弹直甩的掌法(取掌之长),放长击远,直取对手脸部,谓之"出掌不离面,落手劈三山"("三山"指对方的鼻梁、双眼、人体最脆弱部分),进而再用劈挂所具有的长、快、硬、猛、狠的特点,拳腿并用,连攻带打,一路横拦斜踢,狠劈硬挂,铺天盖地,翻滚不息,令敌无片刻喘息之机。待贴身近战,则肘膝齐上,擒拿抱摔并用而克敌制胜。故有"远击腿、近出手、贴身擒摔跟着走"之说。

在通背劈挂拳种的诸多器械套路里,尤以枪术的分量为最重。枪法强调"快、准、贴、狠、险";扎枪讲究"去如箭、来如线,中间只有一点见";舞枪注重"竖看一条线,横看一个面";而实战则要"远来宜用拦拿扎,近来要走扫挫打;高来即崩低则砸,妙在绝户枪三把"。由于"枪乃长兵之王",枪亦最难防,不同的器械对练,多以破枪为目的。在通背劈挂拳种的不同器械对练中,以本门所特有的刚猛威勇风格来演绎"三节棍进枪""三节棍擒枪""梢子棍进枪""大刀进枪""双刀进枪"等传统套路尤为精彩,对练起来枪棍交加,劈摔点刺,迅猛异常,煞是紧张惊险,具有极佳的表演和视觉效果。

通背武术社的日子

通背武术社弟子合影

　　1953年后,我父亲声名鹊起,到通背武术社学艺的人络绎不绝,直到他1972年去世,总计有数千名学生来跟他学习通背拳。这些学生,很大一部分是鼓浪屿的学生,或者厦门的居民,也有从附近的漳州、泉州慕名而来的。也有不少厦门的名人让他们的子弟到我父亲门下学习,如著名画家张晓寒的儿子张群星等。

　　当时的收费是每月2元,但如果是贫穷交不起学费的学生,我父亲分文不收。跟他练得久的学生,我父亲通常也不收他们的学费,因此学生虽多,但此项收入并不足以养家糊口,还要靠我母亲在龙海食品公司上班,来补贴家用。但是父亲从来不抱怨。有时候学生送点什么东西,我父亲也会坚持要照价付钱。学生们也很懂事,比如张惠和每天下午三四点钟就来通背武术社,先把家里的水缸打满了水才去锻炼。

　　我家里还保留着父亲当时收费的一些册子,父亲把弟子的姓

张群星

张惠和在郑成功纪念馆锻炼

名、地址、拜师的时间等资料都记录了下来。有时候,学生没来训练,我父亲会打听原因。如果是学生家庭困难,我父亲就会根据资料上的地址,找到学生的家里,给予慰问。

我父亲宽厚、仁爱的精神深深地感染了我们这些学生,这些年来,大家或者在武术上闯出了自己的一片天地,或者在其他的领域有所建树,但是大家都谨记我父亲的教诲,努力做一个正直、善良的人,并把通背劈挂拳传承下去。

孙振寰与弟子在郑成功纪念馆前合影

2018年,我父亲120周年诞辰的时候,大家聚集在一起,回忆我们在通背武术社学艺的日子。师兄弟们各自讲述了自己的故事,通过这些故事,可以看出我们当时的训练情况,以及我父亲为人处世的各个方面。

何丙仲

何丙仲[①]：

我是1964年底跟孙老师学习武术的，那时陈发森已经跟孙老师习武多年，并多次比赛获奖。他跟我是好朋友，发现我精神状态不好，就建议我跟他一起向孙老师学武术，以改善身体素质。当时，每逢节假日，孙老师就会响应政府的号召，出

[①] 何丙仲，男，1946年1月出生，惠安县人，世居厦门鼓浪屿。毕业于复旦大学历史系文物博物馆专业，曾任厦门市博物馆、厦门市郑成功纪念馆副馆长，文博研究员、闽南文化研究会副会长，厦门市民间文艺家协会副会长，福建省考古博物馆学会理事，厦门郑成功研究会副秘书长。

著有《厦门碑志汇编》《鼓浪屿公共租界》等，发表有《试论16—17世纪台湾在远东的地位及郑成功之驱荷复台》《郑成功部属阮旻锡与〈夕阳寮诗稿〉》《明末清初闽南文化研究》《陈永华"憩园"闲章考释》《陈忠愍公遗像诗卷研究》等学术论文20多篇。退休后仍致力于明清史和闽南文化研究。主编《鼓浪屿诗词选》等书。

来为老百姓做免费的武术表演,所以我对他的武功和武德一直都很佩服。他肚子大、人很魁梧,不苟言笑,在我心目中就是鲁智深式的男子汉大丈夫。有时候放学回家比较早,我就会跑去泉州路74号通背武术社,观看我的同学陈平国在那里练武。

陈平国演练通背六合枪

1964年冬天,阿淼就带我去找孙老师拜师了。都是鼓浪屿孩子,孙老师认识我,看到我很高兴,一坐下去,我说要和他学武功,他说,不能用来打架,不能做坏事,要讲武德,这样才能教你。阿淼在旁边插话说,不会啦,都是二中的学生仔。我也一口答应下来,就这么进通背武术社学习了。

那时候通背武术社的牌子是白底黑字的,我放学回家的第一件事,就是去那里习武。练武的时候很辛苦,除了弓步、马步,还要把脚搭在架子上拉筋。此外还要在一个木板上练手功,就是练铁砂掌,下面放一个沙袋,垫上一百张的草纸,师兄弟们用双手反复在上面摔打,等纸都破了,再重新放上一叠。

院子内,满满当当的都是孙老师的弟子,大家各练各的招式套路,汗流浃背。上世纪六十年代初,生活条件不好,大家习拳时,都舍不得穿鞋子和衣服,干脆赤膊光脚上阵。孙老师对所有弟子视如己出,从未见他呵斥过谁。习拳时,师傅话不多,他喜欢摸着圆滚滚的大肚皮边走边看,看到你的姿态不对时,他会上前和蔼地示范几下要点。

孙老师的拳术和器械都很了得。他常常亲自为师兄们做示范动作,长矛、大刀和棍术,样样出神入化。尤其是和师兄的对练,套路配合得简直天衣无缝。他说,习武重在练眼神。有一天,他在做示范时,长矛在他手中疾如闪电,腾上扑下,竟然很准确地把地上的黄豆逐个击碎,大家都看呆了。

那时候,孙庆、陈发森和范清津是助教,我主要跟着阿森练习。我学会了功力架,现在还记得,这是一辈子珍藏的记忆了。我那时很向往器械,阿森说,练棍子最好,材料方便,又随时可以练习。我就跟孙老师说想学棍子,孙老师说还是先把基础打好再说。然而,到了1966年,"文化大革命"开始,孙老师教的少了,我失去了学习棍术的机会。

跟孙老师习武,让我一生受用无穷。刚开始只是为了锻炼身体,后来我才明白,武术对我的头脑、精神、意志也是一种锻炼。每次我锻炼的时候,头脑中总会浮现孙老师的形象,他的为人处世,一直在感染着我。每次经过八卦楼的时候,我就想到我曾经和孙老师在这里的地下室学习过武术。

苏鹭建[①]：

能向孙老师拜师学艺也是一种缘分。因我家就住在鼓浪屿泉州路74号，在老师开设的"通背武术社"的三楼。少年总有尚武情怀，尤为崇敬浑身是胆武艺超群的英杰，每当倚在栏杆看着楼下孙老师和弟子练武的英姿，总想加入其中，却又因羞怯而望而却步。幸好小学班主任杨天赏是孙师娘的内弟，拜托他后得偿所愿。

苏鹭建

---

① 苏鹭建，男，1952年10月出生，厦门市人。国家一级武术裁判员、中国武术六段。1964年师从孙振寰习通背拳，擅长枪术、拳术，1976年参加在三明市举行的福建省武术比赛，获拳术、短兵、长兵、对练全能第三名。20世纪八九十年代多次担任福建省、厦门市武术比赛裁判工作，历任裁判员、裁判长，多次获得体育道德风尚奖。2004年参加在武夷山举行的全国太极拳邀请赛，获中年B组一等奖。

记得老师教授第一套拳术是"梅花架"。"梅花架"有别于"功力架",它适合年纪较小的孩童习练(动作短小精悍),孙老师一对一耐心指导的镜头如今依稀在脑海浮现着。每天下午放学是我最兴奋开心的时刻,先是我演练一遍昨天所学的动作,看着老师赞许的目光别提多带劲;接着老师开始教新的动作,有时我掌握得不够准确,他老人家总不厌其烦地手把手指导,直到我一招一式得到老师认可为止。整套"梅花架"都是在老师谆谆教导下学成的。

别看孙老师魁梧壮实、目光如炬,内心深处充满慈爱仁厚。对邻居总是和蔼可亲笑脸相迎。我们邻家小孩数人不仅免费学习武术,而且常有零食饱腹。其实老师生活十分拮据,靠教武收费寥寥无几,很多师兄弟经济困难都免交学费。直到"文革"停工停课前,来学武的师兄弟很多,老师一时忙不过来,嘱咐我帮忙指导。记得有两次老师叫我进其卧室,硬把钱塞给我,我怎么能收呢?赶忙把钱放在老师床上夺路而走,只有满眼泪水任其流淌……

孙老师在厦门所传授是外来拳种通背劈挂拳,而且是全省首家挂牌开办的武术社。然而在全省全市的任何地方拳种无不众口一词夸赞老师。老师虽曾任省队武术总教练,但从不自大自傲。每年节假日,老师总带上我与师弟陈超文上门拜访各门派拳师,如南拳的柯金木、方邦在、黄进步等。他们多年老友谈天说地、其乐融融,彰显老人家人格魅力与宽广胸襟。

是否可以说越是高贵的人越平凡,越是卓越的人越透明,恩师武艺高强武德盖世,其言传身教让吾辈感怀至深。在缅怀追思老人家120周年诞辰之际,我百感交集:无师便无识,无师便无勇,师恩如斯,是以为记,文以志之,百年不忘!

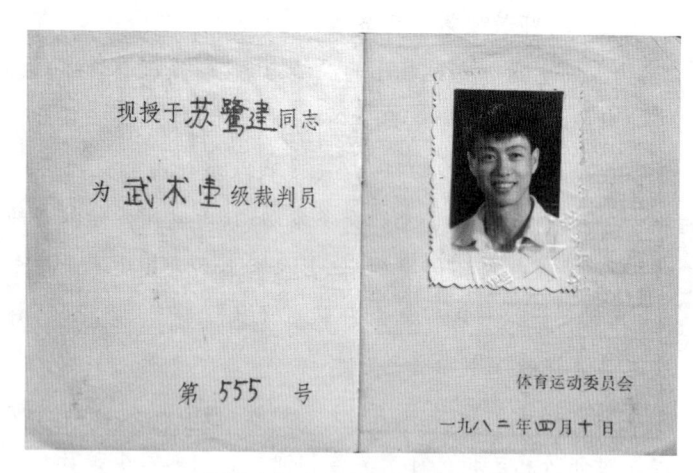

苏鹭建的武术一级裁判员证书

郑高能[①]：

一想起老师，他的音容笑貌宛在眼前。老师是既威猛又慈爱的好老人。我是1965年拜入师门的，那时，通背武术社在我姑妈家的斜对面。刚开始，每个月交2元钱。但是，我姑妈不赞成我打打杀杀，而且家庭成分不好，母亲老是怕我在外惹祸。因此，3个月后，就不再给我习武的学费了。我没钱交给老师，只好中断了学艺。可是心里又非常想学，每天都在武术社门口，偷偷摸摸地看师兄弟们练武。孙老师看在眼里，就对我说，高能，你进来练吧，不收你的钱。我大喜过望，就这么学了下去。五十多年过去了，现在一天不锻炼，浑身就不给劲。

老师双目炯炯有神，留着二撇胡须。身材健壮，相貌堂

---

① 郑高能，男，1945年12月出生，福建龙岩人，中国武术六段。1964年师从孙振寰学习通背拳，擅长摔跤。几十年习练不辍，特别注重传统技击与现代散打的结合运用，对中国式摔跤的教学与研究有深入研究。

郑高能

堂,威风凛凛。老年时虽然肚皮硕大,动作却仍敏捷之极。有几件事,我一直铭记不忘。

上世纪六十年代中期,鼓浪屿通背武术社内,师兄弟们散打活动比较活跃,但受制于当时的气氛,白天,老师不阻止,但也不教我们练习散打技击。到了黄昏,老人家不时就会来指点一二了,兴之所至,还会让我们跟他比试。对于老师的进攻与防守,师兄弟们一致的感觉就是,老师的进攻,敏捷流畅,一气呵成,连绵不绝,防不胜防;老师的防守,巍巍然犹如一座山,不仅无懈可击,更让贸然进攻者倒撞而出。

比如孙老师教我的"如影随行":我向老师进攻,说时迟那时快,老师迅即抓着我进攻的右手臂,我猛缩,老师如影随形,上身贴附我身,膝盖顶着我的膝侧,脚掌背崴着我的脚跟,然后一个拧绷劲,我就整个人斜着被绷出,飞出去了。

老师教我大洪门的一个对打,最令我铭记难忘的就是亲历了他示范的"哼哈啐"。

"哼哈啐"是指在实战中,做出夸张的表情大声"哼哈",甚至直接向对方的脸上"啐"一口,或抓起地上的沙子抛掷到对方眼里,以吸引对方的注意力或让对方因厌恶而进退失措,我方则趁势进攻。虽然登不了大雅之堂,却是极其实用的招数。

当时与我对练的是谁忘了,但二人不懂这招式的真谛,往往嘻嘻哈哈就过了,一日被老师瞧见,老师动怒了,喝道:高能,你不是说要学打架的吗?且看!

言毕,只闻哼的一声,但觉老师一个矮溜步,如一阵旋风卷来,伴随双手一个响亮的击掌,口中哈哈有声,远在几步外的老师,迅刻就如天神般降临面前!也不知何时他随手从地上捞起二把沙子,伴着啐地一声,但觉狂风、疾沙、啐声扑面而来!让我猝不及防。

是老师舍不得真打,啐也干啐,攻势到我面前本已戛然而止,然而他那排山倒海之势,已让我本能地连人带沙颠出了七八步远!

孙老师说我要学打架是有原因的,当年我入门登记时,跟老师说的第一句话就是"老师,我是要学技击和摔跌的"。老师慈爱地看着我,虽答道:不要挑嘛。然而,老师记住了。

于是,就有了上述的怒喝,这是恨铁不成钢的怒喝,是慈父一般的怒喝,沁我心肺呀!

老师是摔跤大师,可能是缘于投学时的请求吧,老师教了我很多摔跌的把式,此亦可见老师心之细、爱之博。

就说一个"划勾挂"吧,跤术中挺寻常的招式,老师就使得出神入化:老师让我任抓他上下把,也就是肩胛与腰际,这时的老人,简直就是泥鳅了,我抓左,他轻然一摆就滑到我的右侧,指右则又溜左,我猛插步一抓,老师轻轻一带就溜到我的

郑高能(右)与林民德(左)习练"黄鼬托滕"动作

后背了！其脚步轻盈快捷，身段流畅顺溜，神闲气定，哪是老人家！其神其态，令人回味无穷。

  记忆中也常浮现老师快乐憨厚又带腼腆的笑貌，那是师娘从港尾归来的假日，当时师娘在龙海港尾食品公司上班，休的是每个月一次的假，师娘在院子里给老师系上白围裙，令他坐下，给他剃头，刮胡子，嘴上唠叨着，数落着。这时的老师，可爱极了，简直就像个大孩子，见到学生们来了，只会露出腼腆的憨笑，害羞得话都说不好啦。

  老师逝世40多年了，偶尔梦中见到老师，依然和蔼可亲。可奇怪的是，自己虽已古稀有余，梦中却总还是年轻人，依旧是老师的孩子。我想，这也是老师超人魅力之所在吧。

林志谦[1]：

我从小好动好武，田径、篮球、拳击无不涉猎。"文革"期间，几个朋友和同学投身于孙振寰老师门下。孙老师的威名和声望，我早甚向往，又见他们跟从孙老师习武之后，身手不凡，于是向范清津、侯朝声、林民权、林民德等师从孙老师的朋友说出拜孙老师为师的心愿，他们都很赞同。

一天下午，范清津、侯朝声二位同学带我去见孙老师。孙老师身形魁伟，像铁塔一般，浓眉大眼，二缕八字胡，不怒而威，但眉目又透着慈祥。清津、朝声向孙老师介绍了我后，孙老师示意我们坐下，他边询问边泡茶，我没想到孙老师泡完茶后，竟亲手端了一杯给我，我赶紧站起来双手接过，当时受宠若惊，头脑有些发懵：没想到这么有威望的大师如此平易近人，如此没有架子，这一幕到今天仍深深地刻在我的脑海里，终生不忘。

有一天下午，在孙老师家院子，侯朝声在指导我练"马面拳"，孙老师端个盆子出来，看了一会儿，把盆往边上一放，给

---

[1] 林志谦，男，1947年11月出生，福建泉州人。初习拳击，后投孙振寰门下，孙振寰去世后，拜师福州自然门万籁声。1986年组建福建省拳击队并任总教练，并于1988年华东拳击锦标赛获团体冠军。1985年来，多次受聘部队、武警、公安特警及多级警卫部门技击格斗教练，还受聘为福州、厦门、泉州、深圳公安特警散打总教练。

1991年起担任过全国武警现场会技击及警械格斗术总教练，福建省军区侦察兵散打格斗教练，武警总部政治部体工队散打队（前卫队）及上海武警总队散打队教练组技术顾问。为军、警、特警及多级警卫部门培养众多人才。同时为中国散打队、拳击队、前卫散打队培养出世界冠军、亚运会冠军、中泰对抗赛冠军、中美警察搏击大赛冠军、全国冠军、全国武警冠军、华东赛区及省赛冠军不计其数，他培养的学生多人仍然在武警、公安、解放军、警卫部门及地方专业队任职，张昭岚等人在国家的重要岗位上默默地做贡献。

林志谦

　　我做了个劈拳摔掌的示范,那掌劈下去"呼"的一阵风,摔出去"呼"的一声,老师的动作放松而又随意,信手拈来,庞大的身躯转动那么迅捷、灵活,令人咋舌。

　　有一次我问孙老师,为什么叫"马面拳",和马有什么关系?孙老师笑着说:"马面就是抹面,这是北方话,就是专打脸的意思。"接着给我做了个前手一引、后手劈脸的动作,那眼睛突然瞪得圆滚滚的,炯炯有神,如二道寒光直透胆魄。孙老师勉励我说:"你个子高,适合通背劈挂,好好练!"

　　那时我和清津、朝声、民德等几乎每天清晨到万石植物园或中山公园练功。

　　1969年,好几个同门要上山下乡插队了,我和民德、清津去向孙老师告别,孙老师心情似乎不是很好,只淡淡地说:"你们也要走了?"并交代我们"功夫不要丢"。

　　孙老师的功夫、威望和人格都是武术界公认的,孙老师去

厦门海军战友会会长张昭岚

世后我投到万籁声老师门下,每谈到孙老师,万老师都说孙老师功夫很好,并说:"你们孙老师去世后,他的学生都归我了。"可见他们二人的感情之深。

  孙老师像慈父,把学生都当作自己的孩子,他的教导和影响,也使得所有的学生感情都如兄弟一般,互相关爱、帮助和提携。我的功夫也曾从师兄弟那获益颇多,像范清津、侯朝声、林民德、孙庆、郑高能、李家才、苏汉珍等。

  孙老师虽然离开我们了,但他永远留在我们心中。他是严师,又是慈父,给我们这些师兄弟留下了亲人般的纽带。

林瑞荣[①]：

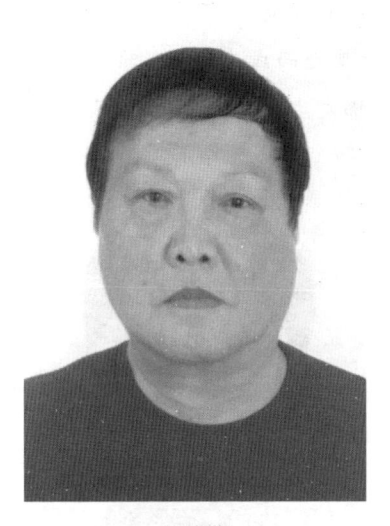

林瑞荣

孙老师爱徒如爱子，在弟子心中，他是一位师父，更是一位慈祥的父亲。恩师是北方人，喜欢吃面食，有时也会做一些煎饼、水饺。当然，当年物资十分匮乏，煎饼也就是在面上加点葱花盐巴，水饺也是素馅居多。这些东西，在今天的人看来是再普通不过了，但在当年已是不易了。每当孙老师做面食，他都会招呼弟子一起吃。我不住鼓浪屿，有时练拳晚了，恩师就会留我下来和他们一家人一起吃。当年的粮食是定量供应的，而且标准很低，对许多家庭来说都是不够的，何况孙老师是练武之人，又身材魁梧，体能消耗比一般人要多很多，本来就更需要补充食物。留我们吃饭，老师就要饿肚子。至今想起，热泪总会禁不住流下来。

---

① 林瑞荣，男，1949年6月，厦门思明贸易有限公司法人代表。

陈超文[①]：

光阴荏苒、时过境迁，五十几年过去了，物是人非，很多记忆都随着时代变迁而成为碎片。唯独在孙老师膝下学艺的那些时光，都仿佛发生在昨天，一切依然那么清晰。

陈超文（1953—2021）

1965年，我们家搬到鼓浪屿74号三楼，楼下前后各有一个八九百平方米的大院子。这就是当时在福建省鼎鼎有名的

---

① 陈超文，男，1953年3月出生，厦门市人。1965年跟随孙振寰学习通背拳。1976年参加福建省武术比赛，获个人全能第四名。1977年入龙岩市少体校任武术教练，并负责龙岩市武术工作，受命组建、训练龙岩市武术队、散打队。所带队伍连续五年获男乙组团体总分冠军并囊括个人全能前四名。从1980年代至今历任福建省武术比赛裁判长、副总裁判长、仲裁工作，曾获得福建省优秀武术裁判员称号。2011年任龙岩市武术协会会长，2017年任福建省武术协会副会长。2021年2月14日去世。

"厦门通背武术社"训练场。那时我才12岁,由于社会动乱,不用上学,于是天天就跑楼下,在孙老师身边。而孙老师也特别疼我,有什么好吃的,总少不了我一口。顺理成章地,我就拜在孙振寰老师门下,学习通背劈挂拳。

由于种种原因,家里当时全靠母亲当临时工的微薄工资,艰难地养活一家人,稀饭都经常吃不饱。而我正在长身体,又天天想锻炼,生活上的艰难可想而知。孙老师当时不但没有收我的学费,而且家里一有好吃的,就在楼下大喊一身"超文呦",我一听就知道又有好吃的,赶忙下楼到老师身边。孙老师就拿出准备好的食品给我,然后慈爱地坐在旁边,看我狼吞虎咽。

1960年代苏鹭建(左)与陈超文(右)在鼓浪屿对练

孙老师高大魁梧,一身好功夫,却又是左邻右舍公认的"大善人"。谁家有人受伤,谁家有事,大家都习惯去找他,老师从来都是义务为大家帮忙排忧解难。

当时我自恃得老师疼爱,喜欢与年纪大的师兄弟比画、过招。有一回和一位师兄过招时,重心失衡,从空中向后跌下,双手撑地导致左肘关节脱臼并粉碎性骨折。简单复位后,手肘的红肿老不退去。孙老师就带着我到厦门第一医院找到骨伤科主任黄进步。黄进步医生是五祖拳拳师,也在家里开武馆传授五祖拳。在医院拍完X光片并将碎骨复位后,回到鼓浪屿老师家中。正好一位何姓师兄来拜访孙老师,何师兄父亲也是厦门出名的五祖拳师,也开武馆。他知道事情原委后,当着我的面,劝老师说:"这样不妥,为了这一个小毛孩,亲自带着去找另一位拳师,真丢面子!您可是厦门大名鼎鼎的武术宗师,这样传出去有损您的威名!"孙老师听完,只是笑了笑,并不言语。而坐在一旁的我心里的难受劲真是无法用语言来形容,感觉我让老师丢了面子。

过了十天,到了医院复查的时间,要去拍片看骨头复位的情况。我暗想,这回我让别人带去就行,无论如何不能再害老师丢面子!可一大早,老师的声音又在楼下响起:"超文呦。"我赶紧下楼,老师让我带上病历跟他走,那口气没有一点商量的余地,就像父亲嘱咐自己的孩子一样。

于是,老师又带着我再次去厦门第一医院找黄进步医生。一路上,我跟在老师身后,看着他那高大魁梧的背影,心里真是百感交集。

别看老师待徒如子,平日里那么慈祥,可教起拳来严格得很,那么大年纪,每个动作都认认真真做到位。他最讨厌教学生时不认真地把动作做出来,而是比画动作。他经常说,你比一比,学生跟着比,找不到重点,更不知道哪里该使劲、怎么使劲,整个动作的完整性体会不到,时间一长,动作就变形了,这不是误人子弟吗!

老师的这种博大的胸怀、宽厚的武德,以及严谨的教学态度从小就影响着我们,并在心里扎下了根。

李家才：

恩师孙振寰离开我们已经整整46年了，在这近半个世纪中，我们仍然深切地思念他。恩师慈祥的音容笑貌，他的谆谆教诲、高大的身躯、高深的武艺、崇高的品德，以及他的关怀指导，点点滴滴仍铭记心头，难以忘怀。

李家才

记得1961年春，我就读于厦门市第二中学初一（三）班，由于我对足球的喜爱，被选拔为学校足球代表队员。能在这所堪称中国近代足球摇篮的百年名校里当一名校足球队员，我感到很荣光和珍惜！然而有一天，我路过鼓浪屿家喻户晓的著名武术家孙振寰家门口时，只见一伙人正热火朝天在操练武术，其中最显眼的是我同班同学孙庆，他是孙老师的儿子。他那迅猛刚劲、飘逸挺拔的身姿深深地吸引了我。我忘记了时间，直到天黑了才依依不舍地回家。第二天在教室的过道遇见了孙庆,我迫不及待地向他表达要拜他父亲为师、学习武术的愿望。孙庆表示需请示他父亲后再说。第二天,孙庆带我到他家,我一路忐忑不安,不知孙老师是否会收留我。见面时,孙老师面容和蔼可亲,他简单地询问我家庭情况后问我习武是否得到父母的同意,我一一回答。接着老师抚摸我的头告诉身旁的孙庆带我到屋外场地,由他教我通背拳的基础功架"梅花架"。从这一天开始,我告别了心爱的足球场和队友,来到了孙老师身边,开始了我长达数十年风雨无阻的武术生涯。

在与孙老师相处的日子里有许多令我终生难忘的事:

入门一个月后的某一天,我偶然发现有师兄弟拿钱给老师,一打听才知道孙老师年岁已高,无其他工作,仅靠师娘一人微薄收入维持生活。有工作收入或家庭经济较好的学生自愿交点学费帮助老师。回家时我向父亲说明情况。父亲拿出钱给我。第二天我兴冲冲地赶到孙老师家,拜见老师后,取出钱给老师。老师大吃一惊,问我"钱从哪里来",我说明了原因后,孙老师慈祥地拍着我的肩膀说:"你父亲一个人工作要养活一大家人已经很不容易,你不能再给他负担,好好练,长大有出息就好。"说着,就带我到场地让我操练"梅花架"给他看。我眼含着泪水把钱收回袋里。从此,在老师身边学武十年,在我参加工作之前,他从没有收过我一分钱。

孙老师平日生活十分简朴,他从不抽烟,不喝酒,一日三餐粗茶淡饭。六十年代初期,国家经济困难,各种生活物资十分匮乏。在厦门每月每户只供应纸包茶叶二包,每包重二两半,售价三角钱。每天下午孙老师都会在一大陶瓷缸开水里放少许茶叶供学生饮用,同时他吃饭时也当汤用。显然茶叶是远远不够的。我将此事告诉父亲后,第二天,我用购买证买了两包"水仙牌"茶叶送给孙老师。老师笑呵呵地收下了随即进屋取出钱，拉住我的手，把钱放在我手上并叮嘱我要向我父亲表示谢意。在孙老师再三的坚持下，我无奈地收起钱。

以上是我和孙老师相处中的两件小事。孙老师关心爱护学生的事举不胜举。他一生谦虚谨慎、淡泊名利、生活朴素、克己待人。处处为他人着想，从不利己、乐施好助、宽厚仁慈、以人为善的品格在我的少年时代给我刻下难以磨灭的烙印。

孙老师教学十分严谨，亲力亲为，一丝不苟。已六十多岁高龄的他，每天下午会带领我们进行压腿、正踢腿、侧踢腿、内外摆腿、踹腿等腿法的训练，步法有"溜步"、"闯膛子"、前后左右闪步等。手法有冲拳、小劈挂、大劈挂、滚背闪劈、三合掌等通背拳掌法基本功的训练。每种动作他都会重复多遍，亲自示范，每次都会汗流浃背，学生看了都深受感动。"言教不如身教"，这是孙老师最显著的特点，我感受至深！

李家才与杨启伟演练八步勾

孙老师演练的套路精彩绝伦，他的劲力、速度、节奏、方法，特别是精神气势，至今我很少看到有超越者。他曾多次代表福建省参加全国武术比赛,取得许多优异的成绩,身为军队武术教官和职业镖师的他更重视武术攻防实战的技击性。他常说:"技击是武术之魂""台上漂亮、台下更要漂亮"。在孙老师的指导下,我们都会进行"石担""石锁""拧棒"等力量的训练。同时在沙袋上进行马步、翻摔、劈、弓步大抢劈盖。行步"滚背闪劈"、"三合掌"、操手起脚、插花盖顶、饿虎扑食、猫儿洗脸、乌鸦坐枝、随风扫落叶等技击攻防的训练。训练必须与实战相结合,否则就是"花架子",这是孙老师十分重视和提倡的。我几乎每天都会与郑高能等师兄弟进行无防护的"比划",有时难免也会打得头破血流,但我们仍然坚持不懈,经过几年的"摸爬滚打",我们都练出了健康的体魄,培养了坚强的意志和自我保护的基本能力,使我在人生路上受益匪浅。

五十七年瞬间过去了,敬爱的孙老师也离开我们四十六年,每当想起在孙老师身边的日子,我就激情澎湃,难以忘怀!

乔石磷[①]:

日月如梭,光阴荏苒,转瞬已六十余载。回忆当年在恩师孙振寰身边习武的岁月,仍是历历在目,至今难以忘怀。

我出生在鼓浪屿,家住乌埭路水牛垾。家父乔仲敏,原籍北京,十九岁就来厦门创业,以教学北京话为生(有一段时间在美国领事馆当雇员)。父亲与孙振寰老师算是河北老乡,多年好友。1953年暑假期间,父亲听说孙老师开始招收学徒习

---

① 乔石磷,男,1940年1月出生,厦门市人。1953年跟随孙振寰学习通背拳。1955年在厦门市第二届运动会上获拳术二等奖。擅长书法,多次在全国性书法比赛中获奖。

乔石磷练功照

武,甚为喜悦,就带我到黄家别墅(离我家只距离 100 多米)去见孙老师,请他收我为徒。前几天已有洪敦耕、施载煌、陈永良、陈建华开始学拳,我也跟着他们一起学习梅花架等基本功。当年 9 月开学,陈建华已到大学报到了,我们几位就跟着孙老师练拳。每天清晨上学前,下午放学后,都到黄家大院练拳,风雨无阻。起初是在屋后一排平房的一片屋顶场地练拳,一年后就搬到楼下大门口的大操场。当年还有一位于宝善老师,也从厦门过来,教我们几位学习传统杨式太极拳。因此,我们是通背、太极共修。

　　孙老师身材魁梧,武功精湛,为人耿直、淳朴,不善言辞。但教武十分认真,一招一式,一丝不苟,绝不含糊,非练到姿势动作准确为止。如练到梅花架的提手上势,一定要做到手、膝盖、足尖三点一线到位。有时要下蹲一二十分钟,仍不放过。对于后面陆续进门学习的吕灿耀、杨汉国、蔡友灿等几位师弟,开始学拳时,孙师也让我们当助教,帮忙纠正他们的姿势。在这四五年间,我学习了许多套路和器械。记得有一天,孙师还单独教我一套虎头双钩的套路,但已多年未练,有些生疏了。

张长盛演练虎头双钩

回想在五十年代的那几年时间,我们的通背武术社在厦门武术界颇有名气。每逢节庆日子,我们在孙老师带队下,到鼓浪屿街头搭台表演通背武术,以丰富节日气氛,受到岛内居民的欢迎。1956年,我们通背武术社的师徒参加厦门市第二届体育运动会,在厦门中山公园的武术表演和比赛中,师兄弟认真地展示我们几年来在孙老师培养下的通背武术套路。我记得当年洪敦耕师兄练的是小八极拳并和陈永良表演大刀对枪。施载煌师兄演练了七门枪和抹面拳,我练了一套八挂拳和七星刀,并与施载煌师兄搭档对练了八步勾和梅花对扎枪。杨汉国、吕灿耀等师弟也都参加了这次武术比赛。比赛过后,有一天,于宝善老师找到我,对我说:"你这次比赛成绩不错,获了奖（拳术 7.85 分），可以选上参加福建省武术集训班培训，并参加 1957 年 6 月在福州举行的福建省武术评奖观摩大会。但因为你目前在厦门师范学校念中专，应以学业为重，不宜长期请假。因此，建议你将此次名额让给年纪较轻的同门师弟。"听了于老师的建议，我欣然同意。但是没想到的是，这竟然是我此生的第一次也是最后一次参加的正规武术比赛。从此我告别了武术事业，也未能在赛场上为孙师和通背武术争得更多荣誉。

吕灿耀

虽然我未能从事武术事业，但我仍然十分怀念厦门通背武术社，万分感激孙师对我的授艺和教导。想起在孙师身边习武的五年间，老师未收我一分钱。孙师言词不多，但身教重于言教，他的淳朴善良、刚正不阿、疾恶如仇的品性，他在武艺上精益求精、身怀绝技却不骄不傲、倾心授艺的武德，潜移默化地感染我的一生，使我在困境中能吃苦耐劳、不畏艰辛。在顺境中能谦虚谨慎、勤勤恳恳地做好工作，直到退休。最近这几年的清明节,我跪拜在恩师的坟前,祭拜他的英灵,也表达我对通背武术和恩师的感激之情。

2016年,偶然的机会,我听到在湖里中国银行的球场,有人在传授通背拳的消息,即前往观看。我十分高兴地与孙庆、李家才等几位师弟见面。看到孙庆师弟继承其父孙振寰的遗愿,在李家才、苏鹭建等师弟的配合下,正在为通背武术在厦门的复兴不懈努力。尤其是黄峰嵘、杨启伟等几位师侄,更是不遗余力地教导着年幼的一代习练通背武术,使我们厦门通背武术后继有人。当看到他们在2017年在集美体育馆召开的国际武术比赛中认真演练,取得骄人的成绩时,我更是感到欣慰和喜悦。他们的战果,也将告慰恩师的在天之灵。

再任厦门二中武术教师

英华中学合并到厦门二中后,将练习武术的传统保留了下来,我父亲1953年再次开办通背武术社后,学生里面有不少厦门二中的学生,所以学校里面习武的氛围很浓厚。1954年,厦门二中的田径运动会开幕式上特地安排了学生表演武术。

1955年的元旦,厦门市民族形式体育表演大会在中山公园的田径场举行,二中武术队十余人前往参加,而全市其他单位都不超过三人。大家提着各种长短、硬软器械,浩浩荡荡、走街串巷,乘船渡过厦鼓海峡,当时厦门还没有市内公交车,学生们从厦门轮渡码头途经中山路、公园南路到中山公园,沿途的市民无不驻足观看。这既是解放后厦门市第一次武术大会,也是福建省市专级行政单位第一次武术大会。二中队荣获市体委颁发的荣誉证书,众多对练表演技压群雄,轰动全市。

表演大会后,学校为了在武术教育方面更上层楼,再次聘请我父亲到学校教武术。厦门二中的学生,在我父亲的言传身教下,刻苦训练,勇于拼搏,涌现出一大批杰出的武术人才,在全国、省、市各大武术赛事上,为他们的母校——厦门二中争得荣誉。

厦门二中学生练武

当时厦门二中里面与我父亲习武比较出色的学生有1955届的吴永良，1956届的陈建华，1957届的洪敦耕、施载煌，1958届的乔石磷，1959届吕灿耀、施载伦，1961届的杨汉国、郑高能，1962届蔡友灿，1963届的陈平国、杨景焕，1964届的何丙仲，1965届的陈发淼，1966届的我和李家才，此外还有苏鹭建、陈超文、苏建成、黄传勋等"文革"期间的厦门二中学生。

1957年，为了选拔队员参加在北京举行的全国武术评奖观摩大会，厦门市在中山公园篮球场举行了一场武术选拔赛。我父亲带领多位二中学生参加了这次选拔，并和他的学生洪敦耕、施载煌、吕灿耀入选了厦门市武术代表队。

《福建日报》报道福建省武术观摩评奖大会

1957年6月1日，我父亲带队到福州参加福建省武术评奖观摩大会。这是解放后福建省第一次举办全省的武术赛事，有102名运动员参加比赛，来自二中的4个人均为厦门奉献了奖旗。当时的比赛没有分年龄组，我父亲以近60岁的年龄与年轻人一起比

1957年福建省武术评奖观摩大会锦旗

赛,他和施载煌、洪敦耕分列第3至第5名,都入选了参加全国武术评奖大会的福建省代表队。6月份,我父亲带队参加全国射箭武术评奖观摩大会,又和洪敦耕等人载誉凯旋(后面叙述)。

后来,我父亲被聘为福建省武术集训队主教练,我和其他几位二中的学生也同时入选集训队。1959年我们参加全国青少年武术运动大会时,队里的4位来自二中的学生都获得优异的名次。施载煌则代表安徽省参赛(当时他考进合肥工业大学),他凭借"叉子进枪"项目获得一等奖,枪术获得男子第六名,并在闭幕式颁奖典礼上进行表演,照片刊登于1959年5月出版的《新体育》杂志上。

1959年9月30日,中华人民共和国第一届运动会在北京工人体育场举行,施载煌代表安徽队,同样来自厦门二中的蔡友灿代表福建队参加比赛。施载煌的"叉子进枪"项目又夺得对练项目一等奖。在当时的中国武坛,施载煌被誉为"安徽第一条枪",而他的枪术源自我父亲在厦门二中时的悉心传授。

在 1963 年的福建少年武术赛和 1964 年的福建省武术锦标赛上,厦门代表队都取得了良好的成绩,包揽了大部分的奖牌,其主力基本是厦门二中的毕业生我和杨汉国、陈发淼等。在上世纪八十年代的厦门市各类武术比赛中,二中学生也经常包揽长拳、刀、枪、剑、棍、对练比赛的冠军,主要有黄峥嵘、黄小龙、苏约翰等人。

孙庆在 1964 年福建省武术锦标赛获得的奖状

因此,2018 年,厦门二中编写《鼓浪弦歌》,介绍学校的历史和教师、著名校友的事迹,其中有一篇文章《蜚声中外的一代宗师孙振寰》(作者郑轰轰)专门介绍了我的父亲。

担任福建省武术集训队教练

通过比赛,我父亲和通背武术社在福建省打出了知名度,因此,1958 年,福建省体委为了备战全国青少年武术运动大会,成立福建省武术集训队,特聘我父亲任福建省武术集训队的总教练。

当年福建省武术集训队的队员柯国丰、吴珊珊回忆了集训的情况。

柯国丰[①]:

> 1958年我参加厦门市武术比赛荣获少年组一等奖,被选拔参加福建省武术比赛,在省赛中又获得少年组一等奖,所以入选了福建省武术集训队,备战当年在北京举行的全国青少年武术比赛。
>
> 集训地址在福州,教练是孙振寰老师和洪正福先生。当年我仅11岁,是年纪最小的队员,头一次离家出远门,心情既激动又惴惴不安。但是来到武术队后,教练和队友们对我这个小队员特别关爱。孙老师对我更是照顾有加,吃饭的时候总是把好吃的菜夹给我;早上晨练怕我贪睡起不来,都要提前到我床边叫醒我;晚上休息时间孙老师怕我想家,就时常和我拉家常,讲故事;夜里怕我没盖好被子、着凉,总是不厌其烦地起来查铺。由于教练和队友如此的爱护,我得以安心地在队里训练,家里人得知后也很放心。
>
> 孙老师教得特别认真,一招一式总是言传身教,直到运动员将动作要领完全掌握为止,每天下来孙老师所流的汗要比

---

① 柯国丰,男,1947年出生,福建厦门人,中国武术六段。自幼跟随其父柯金木学习五祖白鹤拳。1958年参加厦门市武术比赛获第一名、福建省武术比赛获一等奖。同年入选福建省体育集训大队,并代表福建省参加全国武术比赛获少年组一等奖。1963年获福建省少年武术锦标赛南拳、短兵、长兵全能第一名,表演项目一等奖。1964年9月代表福建省参加在济南举行的全国十九单位武术暨射箭锦标赛,获得南拳第三名。20世纪70年代后经常参加福建省、厦门市武术比赛裁判工作,历任武术比赛副裁判长、裁判长。

柯国丰参加福建省体育训练队时的胸章

任何一个运动员多。孙老师还特别注重抓运动员的基本功训练，他时常将"练拳不练腿老是冒失鬼，练拳不练腰终竟艺不高"这句口头禅挂在嘴边，勉励我们在加强基本功训练后再追求更高的难度。

在他的悉心教导下，连我这个练五祖白鹤拳的也受益匪浅，为我今后的发展打下良好基础。我一生中多次参加全国、全省的比赛并取得好成绩，得益于小时候受到孙老师的指导。

1958 年福建武术集训队在天安门前合影
前排左起：周铨、费玉侠、洪敦耕、洪正福
后排左起：庄昔贤、庄子深、周志强、领队、周飞鹏、柯国丰

吴珊珊[①]：

在集训队里，孙振寰老师主要是教通背劈挂拳、六合枪和春秋大刀。他身材魁梧但身手很矫捷，沉默寡言，坐立起行都有一股子军人的风范，让人不由得就会产生敬仰。他相貌慈

---

① 吴珊珊，女，1941 年出生，福建晋江人，中国武术七段，国家级裁判员。1962 年毕业于福建体育学院。曾任福建体育学院运动主任、武术副教授、厦门市武术协会名誉会长。曾获福建省武术女子全能冠军；代表福建省参加华东区及全国武术锦标赛，获得剑术第八名和双剑二等奖。参加过第一届、第二届全国运动会武术比赛。合编有《普通高等学校、中等专科学校武术选用教材》等书。多次带领厦门市武术代表队、厦门市老年太极拳代表队参加国际、国内武术比赛，获得团体金奖。曾获全国优秀裁判员、厦门市劳动模范、福建省优秀教师、优秀教育工作者等称号。

祥,话不多,从来不责骂我们。但是看着他一招一式、一丝不苟地教我们,我们都很自觉、不敢偷懒。

吴珊珊

当时运动训练的强度非常大,训练的时候一套拳一天要练15趟,全能项目要练5套拳,因为我们都兼练全能项目,所以一天下来就要练75趟,没练完不能休息吃饭。每天还要跑好几千米,跑完以后口吐胆汁,心脏扑扑地跳个不停,实在是苦不堪言。有一次晚上练扫堂腿,是在黄土场上练的,大家在操场一圈圈地扫过去,结束的时候腿都弯不起来了。第二天早上起来一看,整个操场都是一个个的圆圈,非常壮观。

1958年训练了半年,第二年,他带我们去北京参加全国青少年比赛。孙老师给我们下了任务,出去比赛,看到别人好的东西,特别是冠军的套路,都要学回来。当时上海李福妹的成绩最好,我跟她学了冠军套路回来。第二年参加比赛的时候,很多运动员练的都是上次比赛中夺冠的套路,但是我们的套路水平也因此提高了。

1959年后,孙老师虽然离开了集训队,但也一直关心着我们,有一次我到孙老师鼓浪屿家里,他热情地接待了我,我看到他的墙上挂着一张我的照片,练的是朝天蹬的动作。可见他是把我们这些学生放在心上的。

后来,我走上了武术的道路,常常记得孙老师的教导。

厦门通背武术社的辉煌时期

1957年6月2日,我父亲参加完福建省武术评奖观摩大会后,入选了福建省武术队,与万籁声、王景春、周飞鹏、庄子深、周志强、洪正福等7名武术家又马不停蹄参加了6月16日在北京举行的"全国武术观摩评奖大会"。

参加1957年"全国武术观摩评奖大会"的部分运动员合影(广东、广西、河南、陕西、福建省等),前排坐者左三为福建运动员王景春、左四孙振寰、左六万籁声、右一周飞鹏;第二排左六庄子深、左七周志强

这次大会共有27个单位、183名运动员参加。我父亲在大会上表演了通背拳、万籁声表演了自然门功夫、王景春表演了梅花双

孙振寰在全国武术观摩评奖大会的奖状

福建省武术代表队参加全国射箭武术评奖观摩大会合影，后排左二为孙振寰

刀,庄子深表演了地术拳法。通过系列比赛,我父亲和福建省著名的武术家万籁声、王景春、庄子深等人建立了深厚的友谊。后来庄子深还让他的儿子庄昔贤拜我父亲为师,学习通背拳套路。

1958年7月我父亲带队参加福建省武术运动大会,并参加比赛,获得评奖项目一等奖。

孙振寰参加1958年福建省武术运动大会的奖状

1958年,中国人民解放军准备在南京举行全军大比武,其中有武术项目的比赛。厦门的驻军成立了武术队,挑选了10个队员组成比赛队伍,聘请我父亲前去任教。我父亲带上洪敦耕前往军队,经过几个月的艰苦训练,训练出一支优秀的武术队伍,在全军大比武中,取得了优秀的成绩。特别是我父亲和洪敦耕传授的"三节棍进枪"项目,套路结构紧凑、进退间刻不容缓,动作惊险,荣获武术项目的一等奖。比赛结束后,厦门驻军首长特地设宴招待我父亲和洪敦耕,并分别赠送锦旗一面。洪敦耕师兄在他的著作《三师堂札记》里记述了这件事,并附上锦旗的照片。

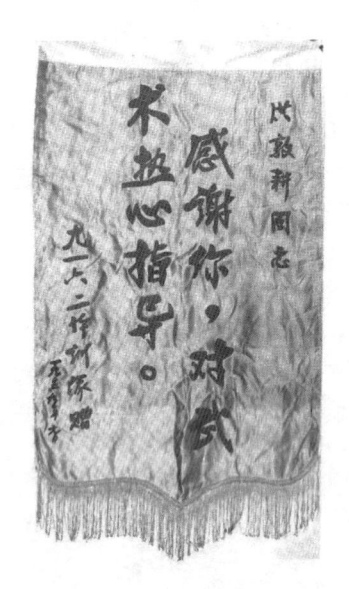

洪敦耕收藏的军队锦旗

省武术锦标赛胜利结束

昨晚举行闭幕式并授奖

本报讯 省武术锦标赛经过三天比赛，已经结束，并于昨晚举行闭幕式。

在这次锦标赛中，共进行了规定拳、南拳、太极拳、自选长拳、传统拳术、规定剑、规定刀、规定枪、规定棍、自选长拳、自选短刀等项目的比赛和表演。从参加这次锦标赛的运动员的情况来看，甲组十七个参加全能比赛的运动员，都是解放后培养出来的，全部运动员中女运动员占近二分之一。这些情况，说明了解放后本省武术运动在党的关怀下有了新的发展，技术水平不差，也比过去提高很多。首先是1957年和1958年举行武术比赛时，一个运动员以参加两项比赛，这次比赛，甲、乙组运动员分别参加了五项、四项比赛。其次是过去得八分的人数不多，这次比赛评分标准比较严格，却有十四个运动员比赛的二十六个项目中得了八分以上。这次比赛的项目内容也比较丰富，九节鞭、鸭子拳、沉香拐、三截棍单鞭、女子大刀、双剑等项目都是过去比赛中所没有的，而且这次比赛却有相当水平。在这次比赛中，运动员还表现出团结友爱、互相学习的精神，如南拳运动员主动要求严肃赛会，交流了技术经验。

这次锦标赛结果，男子甲组，长拳：第一名周鼓（福州），第二名杨汉腿（厦门）；第一名孙志庆（厦门），南拳第一名吴清江（泉州），第二名陈庆虎（厦门），第三名孙大山（泉州）。太极拳：第一名庞敬尊（明），第二名孙志庆（厦门），第三名（得分与第二名一样，但单项成绩较差），郑同名陈发荔（厦门），总分39.25分。女子甲组，长拳第一名钟电（福州），第二名庄明明（泉州）。太极拳：第一名卓桂

明），第二名黄功龙（福州），第一名刘依田（福州）。传统套路，庄茜等五人的"醉八仙"等项目获得一等奖，周鼓等六人的"对练拳"等项目获一二等奖，洪澄洲的"五虎翻身"获得一等奖。全能冠军杨汉园（厦门），五项总分39.50分；亚军孙志庆（厦门），五项总分39.35分，第三名孙志庆（厦门），第三名（得分与第二名一样，但单项成绩较差），郑同名陈发荔（厦门），总分39.25分。女子甲组第一名卓桂明（福州），第二名庄明明（泉州）。太极拳：第一名卓桂

荣。南拳（甲乙组混合评名），第一名洪宝玉（漳州），第二名李仕英（厦门）。全能冠军杨仲（福州），五项总分39.15分；亚军庄明明（泉州），总分37.10分，第三名宝玉（漳州），总分34.53分。男、女乙组参加表演项目，青一等奖的有黄清江等六人，得二等奖的有藏福生等十一人，得三等奖的有何长青等五人。

锦标赛昨晚举行闭幕式，并发奖品。大会领袖委员会主任、厦门市许组义副市长讲闭幕词。闭幕之后，表演了精彩项目。

《福建日报》报道省武术锦标赛

1959年，我父亲带领福建武术代表队参加全国青少年武术运动大会后，有人翻出他在西北军任教官的历史，免去了他的教练职

孙庆在1963年福建省少年武术锦标赛上的奖状

务。此后,他把全部的精力都放在厦门通背武术社上,培养出一批又一批的学生,这些学生在全国、省、市的各类武术比赛中摘金夺银,创造了厦门武术界的辉煌。

1963年在泉州举行的福建省少年武术锦标赛,我父亲以名誉教练名义率厦门市代表队参加比赛,为厦门队赢得了团体冠军,且收获了三分之二的奖牌,当地媒体惊呼:"几乎是孙振寰学生的表演赛!"

施载煌的回忆

本书中多次提到施载煌[①]师兄,他德高望重、武艺精湛,青年时期代表通背武术社参加各类比赛屡夺桂冠,到安徽读大学期间也是获奖无数。可惜在本书作者采访之前,他于2018年因病猝逝。施载煌在我父亲诞生一百一十周年(2008年)纪念会上做了讲话,详细回顾了他在我父亲的指导下,参加各类武术比赛的情况,兹摘录于此,并以此纪念他。

孙老师的拳术、单刀、大刀、枪术均很好,尤以枪术最高。孙老师演练和传授枪、大刀、单刀时极其贴身,枪法、刀法高明。枪术更有特色,舞枪时垂直地面,且前后不歪斜,"枪扎一条线",出枪时,前手由下而出,均以技击为旨,快而难防。1957年我考入合肥工业大学,曾获1958年安徽省武术评奖大会男

[①] 施载煌,男,1939年9月出生,福建厦门人,中国武术八段。厦门理工学院原副校长,教授。曾任厦门市武术协会常务副主席,省武协常委,香港通背劈挂拳国际武术总会顾问。1953年跟随孙振寰学习通背劈挂拳,先后师从柯金木、孙振寰、于宝善、万籁声、王效荣、诸桂亭等人。1958年7月进安徽省体工大队武术队,为第一任队长,3次进福建省体委或体工大队集训,10次代表福建、安徽参加全国武术锦标赛(含第一、第三、第四届全运会)。1957年获福建武术评奖大会一等奖,1959年在安徽省第一届运动会获武术全能、长兵双冠。同年获全国青少年武术运动会对练一等奖、枪术第六名。获首届全运会对练第四名、男子枪术殿军。1960年获全国武术锦标赛男子太极拳第五名。第三、第四届全运会分获男子太极拳季军和亚军。1964年获福建省武术锦标赛男子剑术、太极拳双冠。1964年任三明市武协主席,1984年任厦门市武协第一副主席。1961年任全国武术邀请赛短兵组副裁判长,2002年任第二届亚太地区武术交流大赛副总裁判长。中国民间武术家联谊会第一、二届副主席。2006年被中共厦门市委市政府表彰为武术先进个人。

施载煌（1939—2018）

女混合枪术第一名、1959年安徽省第一届运动会男女混合枪术冠军，在1959年全国青少年武术运动会（北京）上，枪术同男女武术全能冠军、上海李福妹均得8分，并列第6名，又获1959年第一届全运会（在北京举行）男子枪术第8名，被誉为"安徽一条枪"，无有孙师倾技传授，我无有此枪术成绩。

三截棍乃软中带硬、硬中带软之器械，棍绕顶端，带抽抛打，最不易练，孙老师却极喜欢三截棍，这也是他的拿手好戏。孙师三截棍对枪、三截棍擒枪，摔打劈将起来，紧张剧烈，最受观众欢迎。1957年我在合肥工业大学组建武术运动队，传给队员夏英琦三截棍对枪，二人代表安徽省参加1959年全国青少年武术运动会，演练到第三趟，因攻防严密、逼真紧凑，全场顿时爆发出雷鸣般的掌声，实孙师之功也。

器械对练好，这是孙老师的又一大特色。剑、刀、枪、棍中，剑比刀难练，枪比棍难练。器械实战中，无论何种器械均

施载煌青少年时期的练功照

以能破枪为目的,例如窦尔敦使虎头双钩,双钩能破得了枪,就破得了其他器械,故大部分器械对练,均以枪为对手,缘枪为兵器之王。单刀、双刀、双手袋、大刀、单刀拐、梢子棍、三截棍等长短硬软兵器与枪之对练,持枪者特意把枪扎得开,以方便对方器械之发挥,该套路主要是训练持枪者之对方,难在持各种器械者;但是,空手或极短器械与枪对练,如空手夺枪、叉子进枪则主要是训练持枪者,难在持枪者,要求出枪快速外还要贴身无论何种器械对练表演,孙老师两方都能熟练上场:同老学生对练,为了培养学生,孙老师当次方,同新学生对练,孙老师当主方。

　　从作为学生的我的器械对练,可以看出孙振寰老师器械对练水平之一斑。孙老师教我的器械对练的特点是快速勇猛、善打善拼。1959年5月6日出版的第9期《新体育》杂志的彩色插页(当时我国几乎均为黑白照片)"武术运动之青春"正中刊登了我和安徽刘桂兰的"叉子进枪"照片。原鼓浪屿区政协副主席殷承典当年看到此插页,几十年至今多次提起。1999年12月厦门市武术协会三届二次全委会前,武术七段吴珊珊对一位打太极拳的离休干部介绍:"施老师长拳也很好,当年叉子进枪轰动全国。"

　　"叉子进枪"在3月的1959年全国青少年武术运动会和10月的1959年第一届全运会武术比赛的颁奖闭幕式"优秀节目"表演中均被列入。早在9吋(英寸)黑白电视机进入中国家庭之前20年,上述"优秀节目表演"还于1959年3月30日晚在中央电视台演播厅演出并现场播放,电视观众当是国家及各省、自治区、直辖市党政机关领导。"叉子进枪"不仅获得全国一等奖,还同中国武术协会第一届主席王子平老先生的青萍剑、上海蔡鸿祥的十二路华拳、上海邵善康的醉拳、上海李福妹的五路查拳、吉林韩明男的头路拳、安徽徐淑贞的双钩、山东赵洪德的八仙剑、山东范桂娥的长穗剑和山西张铃妹的坤吾剑共十个武术套路的剧照,被印成彩色体育信封全国发行。武术八段洪正福曾对其子、武术六段洪日新说,"1959年看到施载煌的'叉子进枪'后,再没有看到比他更好的枪",并要洪日新找我学枪,还当面对我说,想请我去福建体育学院教枪。

1959年10月至12月,安徽省体委派获首届全运会团体奖杯的技巧、乒乓、武术、举重、中国式摔跤、国际式摔跤六队在合肥、蚌埠、阜阳、淮南、芜湖、马鞍山、铜陵、安庆、六安九地市进行巡回汇报表演,"叉子进枪"均作为"大轴",52场演出,均掌声雷动,均应观众要求"再来一个",才告终。"叉子进枪"套路为上海徐文忠老师所教,但我在使枪中,我的对练素质、枪法、枪之由腹前而出,出枪之快、之准、之贴、之狠、之险、之让人提心吊胆,却完全来自孙老师。

1957年5月底的福建省武术评奖观摩大会是解放后我省的首次武术大会,孙老师带洪敦耕、我、吕灿耀代表厦门赴榕参赛,全省7地区、6市102名运动员参赛,大会给前20名发"表演奖"奖旗,我们师生4人是满堂红(此奖旗我今天还保存着),前7人依次是福州洪正福,长汀周飞鹏,厦门孙振寰,厦门施载煌,厦门洪敦耕,晋江黄清江,晋江黄天禄。裁判长万籁声,裁判员王景春、周志强、庄子深同前五名运动员组成1957年全国武术评奖大会福建队,9人中孙老师师生占三分之一。我和敦耕师兄因高考在即,家长来电报催回,6月初主动放弃机会。这是解放后我省第一次参加全国武术大会,6月7人赴京,除1名省裁判员外,孙师等6人均获奖荣归。

为准备参加3月的1959年全国青少年武术运动会,福建省体委集训武术队,孙老师应聘赴榕担任教练,并带队赴京比赛。10名队员中洪敦耕、费玉侠、柯国丰、庄昔贤4人及代表安徽省的我均孙师弟子。

孙老师门下有洪敦耕、施载煌、杨汉国、孙庆、费玉侠、柯国丰、庄昔贤7人多次参加全国比赛，施载煌获男子单项第二（在石家庄举办）、第三（在北京举办）、第四（在郑州举办）、第六（在北京举办）、第八（在北京举办）及一等奖各一个，费玉侠获醉拳一等奖、对练二等奖（北京），柯国丰获男子单项第三名（济南），洪敦耕获男子单项第五名（郑州）和华东区邀请赛（上海）第一名，孙庆获男子单项第六名（北京），庄昔贤获表演项目三等奖（济南）。此外，施载煌获1959年安徽省第一届运动会（合肥）男女武术全能冠军、长兵类冠军，杨汉国获1964年福建武术锦标赛男子武术全能冠军、枪术冠军。施载煌包揽1962年合肥市武术锦标赛男子甲组武术全能、长拳、长兵、短兵四项冠军。

通背弟子参加2017年第六届厦门国际武术大赛

1955年至1975年间福建省与厦门市武术比赛的长拳、长兵、短兵、传统项目、对练的绝大部分优胜名次均属孙老师的学生,如1964年福建省武术锦标赛男子武术全能前四名均是孙师弟子;八十年代厦门市每年一届武术比赛的绝大多数优胜名次,也在孙老师的第二代传人黄峥嵘、黄小龙、苏约翰等手中,其中一次比赛,因鼓浪屿队"拿得太多",市体委竞赛处通知孙庆、我、杨汉国、苏鹭建4人某晚去公园西路体委开会,说鼓浪屿有十几个人可以得优胜奖,武术馆馆长中有几个人得不到,如照此发奖,这几个馆的门下必然会因不相信老师而离馆而去,将闭馆,这对厦门市武术运动开展不利,经协商,鼓浪屿让出4个奖给4位馆长。

天下武师,有自己很好,学生不好的;有自己不好,学生很好的。孙振寰老师则自己很好,学生也很好,堪称名师出高徒。

第六章

桃李成蹊

逝 世

在日常生活中,只要和我父亲有过交往的朋友或是跟他学艺的学生,如遇到难事,或家庭有什么变故,他都要亲往看望,并力所能及地接济些钱物。有一位学生的父亲,因被划为右派,在"牛棚"里去世。在那个盛行"划清界线"的岁月中,亲戚、邻人避之唯恐不及。我父亲虽然也受到冲击(有一次,我们偶然发现邻居累积了一大袋对我父亲的监视材料),但他闻讯后依然挺身而出,立即赶到这个学生的家里去看望他们,并在日后经常把这个学生带在身边,给予更多的呵护和关照。尽管为此多次受到威胁、恐吓,但他依然故我,不改初衷。

然而,随着社会形势的发展,我父亲的弟子们陆续离开他的身边,分赴各地上山下乡。每一个弟子的离去对他都是一个打击,我父亲越来越沉默寡言了。他的心脏本来就有问题,1972年6月3日,我父亲因为心梗在家里病逝,享年74岁。

李家才回忆道:

孙老师去世的前一天,我刚好从上山下乡的地点回家,赶紧跑去拜访老师。孙老师见到我非常高兴,拉着我的手嘘寒问暖。夜深了,我要回家,就掏出5元钱,恭恭敬敬地放在老师的桌上,说:"这是我工作挣来的,请您一定收下。"孙老师坚决不肯收,要我拿回去贴补家用,我只好恋恋不舍地回家。

凌晨的时候,有个师兄弟来敲我家的门,说孙老师病危。我跑到孙老师家,看到有医生在抢救,但是已经来不及了,孙老师去世了,我泪流满面。

当时的社会环境严峻,大家都很小心。鼓浪屿上的名人去世的时候,通常都是亲人几个聚一下就低调出殡了。可是孙老师出殡的时候,街心公园里挤满了自发前来吊唁的群众,送葬的队伍浩浩荡荡地一直跟随到黄家渡码头,才慢慢散去。

20世纪80年代,我们师兄弟集资修建墓地,把孙老师安葬在天马山上,每年清明,大家一起去扫墓,寄托我们的哀思。

孙老师的墓地,背靠巍峨的天马山,面朝旷野蓝天,庄严而朴素,象征着他光明磊落的胸怀。在墓园的侧面,题刻着厦门市著名文史学家,同时也是我们师兄弟的何丙仲先生的题词"仁者之魂、勇者之魄。古稀之年,英姿矍铄",高度概括了孙老师的精神。

在墓地的正面,孙老师的墓碑上镌刻着"一代宗师"四个大字,这既是我们弟子、门人对他的思念,也代表着中国武术界、厦门老百姓对他将通背拳武术在南方发扬光大的一种肯定。孙老师高超的武技和高尚的人格,无愧于"一代宗师"这四个字。

遗 响

父亲去世后,我的几位师兄弟移居到了香港和东南亚等地,将通背劈挂拳和我父亲的事迹一起传播开去。这些师兄弟有的开了武馆,如洪敦耕、黄传勋等,有的成了电影明星如陈发淼、侯朝声等,而当时香港、台湾的杂志在介绍他们的时候,都会加上一句"鼓浪屿通背拳大师孙振寰的弟子"。因此,我父亲的名字逐渐传播到海外。上世纪八十年代初,香港的《力与美》月刊在第54期的《通臂长拳带猴脚 华北摔脚第一把——劈挂门子通臂拳名师孙振寰

《力与美》月刊

传奇》(作者征鸿),介绍了我父亲的一生。那时美国著名的《黑带》杂志和东南亚的《武术周刊》也刊登了介绍我父亲的文章,并称他是"德艺双馨""近代武林的一代宗师"。可惜当时的环境闭塞,这

两个刊物的报道我都没有收藏,只听海外的师兄弟们说起过。

国内刊物方面,1984年冯大彪、陈长智所著《武林英豪》一书收录了近代中国十几位著名的武术家,介绍了他们的生平,由于故事脍炙人口,一时洛阳纸贵。这十几位武术家中就有我的父亲。近年来《鼓浪屿文史资料》的第8辑、《厦门政协》第172期、《闽南文化研究》的第17期、沧州的文史资料都曾经专题介绍过我父亲。

2017年鼓浪屿申请世界非物质文化遗产的时候,把我父亲作为岛上的本土文化名人列入申遗的内容。因此,申遗成功后,在龙头路上的鼓浪屿历史文化陈列馆中,把我父亲也列了进去。在二楼的名人墙上,可以看见我父亲的名字。

鼓浪屿历史文化陈列馆的名人墙

这几年,我们整理了我父亲流传下来的通背劈挂拳的资料,将他的遗留下来的武术套路命名为鼓浪屿通臂拳,2015年申报了厦门市思明区非物质文化遗产,获得了成功。2019年我们又成功申报了厦门市非物质文化遗产。我们还建立了微信公众号。希望这些措施能更好地保护和传承好我父亲留下来的瑰宝。

2018年10月24日,我们举办了我父亲120周年诞辰纪念会,海内外的通背弟子以及省市武术协会的领导齐聚在一起,共同怀念我的父亲。

孙振寰诞辰120周年纪念会

2019年9月6日至8日,由国家体育总局武术运动管理中心、中国武术协会、福建省体育局主办,福建省体育局武术运动管理中心、福建省武术协会、龙岩市体育局承办的全国太极拳健康工程系列活动2019年"孙振环"杯太极拳公开赛,在龙岩体育公园综合馆举行。来自福建省9地市34支队伍345名运动员参赛。比赛项目设置分为个人项目、传统项目、对练项目和集体项目共四大类。主办方将该站比赛冠名为"孙振环杯"太极拳公开赛,以此纪念我的父亲。据说,这是全国武术比赛中首次冠以武术家的名字。为了这次比赛的顺利举行,陈超文先生倾注了大量心力。

何丙仲先生谈到我父亲时说:

"孙振环杯"太极拳公开赛奖牌和秩序册

  后来我逐渐了解了孙老师的历史，深深地领会到他代表了一种阳刚之气、一种浩然正气。我现在腿脚不方便，不敢多动，但是每当有武术比赛的新闻，我都很有兴趣观看，不是为了什么，只是为了其中蕴含的精、气、神。中国古代的文人手无缚鸡之力，却喜欢随身佩剑、家里挂剑，这是因为中国人都向往孟子说的浩然之气，在关键的时刻，如文天祥等就能挺身而出，撑起民族的脊梁。而练武之人和平常人是不一样的，他们天生就有一股凛然正气、浩然之气。这是最吸引我的地方，也是我练武的最大收益。

  我跟孙老师出去表演过一次，是去厦门大学表演。通过那次表演，我进一步认识到，孙老师不仅是响应政府号召，丰富人民文化生活，他的主要目的其实是为了传播武术的文化，让群众了解什么是武术。那时候厦门民间也有一些武师，但是我觉得只有孙老师才有这种武术家的风范和深厚的文化底蕴。

孙老师教我的,不是说让我们去和人家较量、获奖,或取得什么级别职称,而是一种传统文化。把武术当作像书法、国画一样的传统文化,你就会去敬重它,老祖宗几千年流传下来的东西,不仅仅是用来比赛的,还渗透到了我们的成长过程中。

孙老师在鼓浪屿的历史上其实是个很重要的人物,是鼓浪屿的一张名片。我是研究历史的,因此对这点很清楚。最近市委宣传部要我写个人传记,我有一章专门写了孙老师,他们问我为什么。我说,除了武术,我还喜欢书法、喜欢国画,我的老师有罗丹先生、张晓寒先生和孙振寰老师,他们三个各自代表了中国传统文化的一个领域,在我心目中都是并列的,都不能忘记。他们的技艺是一回事,更主要的是他们的思想文化,他们都是纯正的中国人,他们教给我的不仅是技术,还有一种比较完整的传统文化的熏陶。技术可能会忘记,但是文化永远贯穿在我一生中。我能够走到今天,是多种传统文化给予我营养。

鼓浪屿没有一个地方来重现通背武术社,挂一个牌子,这是一个遗憾。鼓浪屿的文化遗址不能只有礼拜堂、领事馆,还要有本土文化的场所。我觉得孙老师传播的通背拳是很正宗的、本土的传统文化,要好好继承下去,要弘扬孙老师的武术文化。

传　承

　　文化遗产代表的是过往,是对我父亲业绩的肯定。将通背劈挂拳传播开去,才是我父亲毕生的愿望。

　　1972年,父亲去世后,我们全家搬到鼓浪屿武装部的大楼(现在的海天堂构的西侧)。因为大楼前有一块开阔的场地,适合开展武术训练,我和杨汉国、李家才、黄传勋、郑高能、苏鹭建等师兄弟们组织起来,每人轮值到武装部当教练,又各自分工,将自己最拿手的东西教给学生,共同撑起了通背武术社。而陈超文在龙岩市当专职的武术教练,每次带队参加全国、省、市的比赛后,都会抽空回鼓浪屿住几天,将先进的训练方法、流行的竞技的套路以及新修改的竞赛规则与我们交流,并传授给我们的学员。

学员在鼓浪屿武装部前合影

　　随着社会文化生活逐渐复苏,到通背武术社学习的人越来越多,到了80年代初期,我们已经培训了上千名学员,初步恢复了我父亲时代通背武术社的规模,培训出了一大批优秀的学生,继续在各类武术比赛中摘金夺银。我本人也因此在1983年的时候获得了"全国千名优秀武术辅导员"的称号。

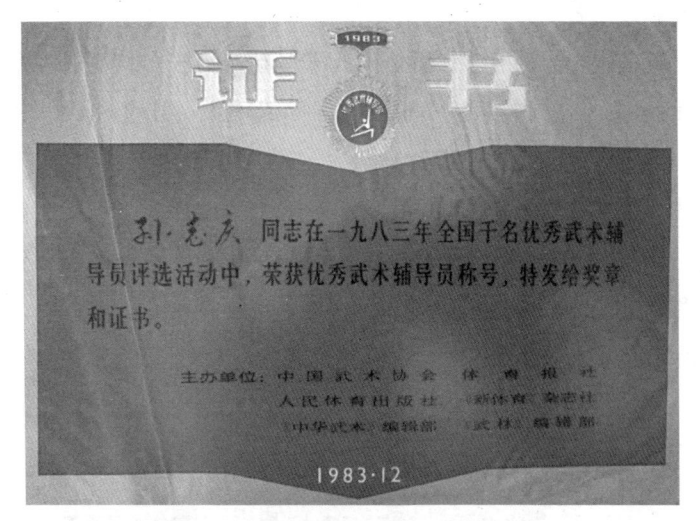

孙庆获得"优秀武术辅导员"称号的证书

通背拳第八代弟子中,成绩比较突出的弟子有:

苏约翰,1983年厦门市武术比赛器械第三名、长拳第六名,1984年厦门市武术观摩表演赛男子成年组散打第一名、长拳第二名、器械第三名、对练第四名。

张永聪,1982年福建省第一届职工运动会武术比赛长拳和三节棍对练两个优秀奖(武术项目只设10个优秀奖),1983年厦门市武术比赛长拳第一名、器械对练(三节棍进枪)第四名,2001年福建省"云龙杯"武术演武大会传统拳二等奖。

黄峥嵘,1980年厦门市武术比赛长拳第一名、枪术第二名,1984年福建省第二届职工运动会传统拳第三名、软兵器第四名。

黄小龙,1984年福建省第二届职工运动会传统拳第二名、软兵器第三名。

刘学峰，1983年厦门市武术比赛获得传统拳术第五名，1984年厦门市武术比赛传统器械第一名（春秋大刀）、散打第二名、杨式太极拳第三名。

杨启伟，2016年第二届全国武术运动会男子传统劈挂拳第一名、枪术银奖，2017年第六届厦门国际武术大赛中年组太极拳金奖、中年组传统刀术金奖，2018年福建省全民健身运动会暨"金土地"杯比赛（龙岩站）中年组苗刀金奖、劈挂拳金奖。

蔡志盛，中国武术段位指导员，2006年第一届香港国际武术大奖赛杨式传统太极拳第一名，2013年福建省首届传统武术争霸赛杨式传统太极拳金奖。

通背弟子参加2018年福建省全民健身运动会暨"金土地"杯武术比赛

到了1987年，每天前来学习的弟子多达七八十人，将武装部前的空地挤得满满当当的，而通背拳又是需要提纵跳跃空间的运动。因此我们师兄弟根据自己的特点，逐渐到外面找场地、找生源进行训练。比如郑高能教摔跤,就在港仔后的沙滩上训练摔跤;李家才应聘鼓浪屿工艺美术学校的武术教练,就近在日光岩下训练;杜榕狮当上厦门二中的武术教师,也在日光岩下的郑成功纪念馆等地找空地训练。

进入新世纪后,第八代弟子接过通背劈挂拳的衣钵传承,他们在厦门市人民会堂、前埔、老年大学等各个地方设立教学点,传授通背劈挂拳套路,参加厦门国际武术比赛、福建省全民健身运动会暨"金土地杯"武术比赛等,都取得不错的成绩。第九代传人黄志民在多所中小学校园和青少年宫任武术教练,十几年来培养了数千名学员,他创编的通背拳操进入校园,成为人民小学浦南分校等学校晨练的项目。

黄志民演练通背双手剑

通背武术在龙岩、漳州、泉州

陈超文回忆道:

1976年,"文革"后首次福建省武术比赛在三明市举行。当时我和师兄苏鹭建代表龙岩地区参加比赛。原本可以取得更好成绩,但因为对练三节棍进枪时把三节棍打断了,重做扣0.5分(如今是扣1分)。结果只获个人全能第三名和第四名。但就是这次比赛改变了我的命运,1977年底,我调到龙岩地区少体校任武术教练。

陈超文在孙振寰诞辰 120 周年纪念会上讲话

孙老师爱徒如子、治学严谨的态度,对我的教练生涯起了决定性的作用。经过几年悉心的训练,1980年在晋江举行的全省武术比赛上,龙岩地区代表队首次获得团体冠军,此后连续5年,龙岩地区男子少年组都获得全省比赛团体冠军并包揽个人全能前4名，被龙岩人称为"扬眉吐气"的项目。1984年在漳浦举办的省运会上，整个龙岩地区代表团200多名运动员取得7枚金牌，我的学生黄秉忠一人就独占其中6枚（拳、刀、枪、剑、棍、个人全能），轰动龙岩地区。回到龙岩，黄秉忠被戴上大红花，站在卡车上（当时只有这个条件）到龙岩城区巡游。后来考进省体育学院的他，多次代表体院参加各种比赛，屡获佳绩。另一位男队主力队员李强后来进入福建省体工队武术队，多次获全国比赛冠军，并培养出多名全国冠军。现在是福建省武术队金牌教练。还有一位男队员李吉辉也成绩斐然，现任福建省武管中心训练科长。

陈超文与学生合影
前排左一林智瑛右一郭卫华；
后排从左到右陈超文、李智华、连益彬、黄秉忠、林萍惠、李强、郁晓文、林芳华

当时在省级各种比赛中拿过金牌的还有郁晓文、刘史忠、连益彬、郭卫华、林智瑛、翁露芳、李智华等一大批队员。

洪敦耕师兄1964年毕业于福建中医学院并留校任教，1971年调任漳州市龙溪中医院，开始广收门徒。他重视武德品行的教育和培养，在漳州十余年间所教学生上百人，从来没有发生过恃强凌弱、行凶斗殴的事件，以至于有人说："洪敦耕老师在漳州教了一群绵羊。"似褒似贬，洪敦耕听了，一笑置之。然而，他的学生如贾建欣、杨建闽、林秀容等却成为漳州武术界的"虎狼之师"，在教练员、运动员、裁判员的岗位上，为漳州武术事业做出了突出的贡献，是漳州武术界的中坚力量。洪敦耕博学多才，擅长因材施教，有时候一个招式就能引申出一段精彩的武林故事，加深弟子的印象。因此，1983年洪敦耕被中国武术协会、体育报社、人民体育出版社、《新体育》杂志社、《中华武术》编辑部、《武林》编辑部等六单位联合评选为"全国千名优秀武术辅导员"。

2019年11月21日，洪敦耕先生于香港逝世，享年83岁，谨在此表示哀悼。

洪敦耕(左)与贾建欣(右)

福建省武术协会副会长、漳州市体育总会副主席、中国武术七段贾建欣先生1972年师从洪敦耕练习通背劈挂拳、六合自然门等拳术。1979年担任漳州市少体校专职武术教练,向体工队、大专院校输送了大批优秀武术人才,在各类国际、国内武术大赛中斩获金牌数百枚。他还先后主编、出版《漳州武术人物志》《芗江武踪》等书籍,在《中华武术》《武林》等刊物上发表多篇武术论文。

贾建欣的弟子包括:

郭琼珠,中国武术七段,国家一级裁判,厦门大学体育部党总支书记,国术与健身研究中心教授、硕士生导师。主持和参与省级、校级基金项目课题研究6项,出版教材2部,参与编写教材2部,公开发表论文40多篇。

周育玲,全国太极拳锦标赛42式太极拳冠军、孙式太极拳冠军。

林春梅,第七届世界武术锦标赛亚军,菲律宾全国武术套路锦标赛太极拳、剑全能冠军。

陈键锋,2004年美国国际太极拳锦标赛太极全能冠军,2004年全国太极拳锦标赛杨式太极拳、吴氏太极拳冠军。

此外,郑雅恩、陈艺群、苏学军、邵灵杰、胡立虹、陆剑辉等曾多次在全省、全国武术比赛中获得冠军或前三名。

泉州的庄昔贤出身武术世家,自幼跟随他们的父亲庄子深练习家传的地术拳。后来庄子深让他来鼓浪屿向我父亲学习通背劈挂拳。他多次参加全省、全国的武术比赛,获奖无数。学生遍布闽南、香港等地。

通背武术在香港和澳门

二十世纪七十年代以后,我的几位师兄弟陈发森、侯朝声、黄传勋等陆续定居香港,后来洪敦耕和陈平国也移居过去。他们带

香港通背劈挂拳弟子

去的通背劈挂拳,在当时的香港掀起一股不大不小的风潮。

刚开始的时候,他们在业余时间收些弟子,传授武术基础套路。具备一定的规模后,就开办武馆,专职传授通背劈挂拳等武术。当时的香港,因为李小龙等人的影响,功夫电影大行其道,功夫迷众多,生源不用发愁。然而,在香港谋生的拳师如过江之鲫,全球的武术流派百花争艳,先到者占据山头,后来者要分一杯羹,必然会招来刁难和暗施的冷箭。通背劈挂拳作为新来的拳种在香港立足,并不是那么一帆风顺。如电影、电视剧经常讲述的那样,附近的拳馆打着交流的旗号,实则较量、踢馆的事时有发生。幸好我的师兄弟们在厦门学了一身真功夫,屡挫强敌。

此外也要应付黑社会的骚扰和歹人的欺诈。2018年,回厦门参加我父亲120周年诞辰纪念会的侯朝声回忆说,有一回他招惹到电影圈里的"新义安"帮派,几乎刀兵相见,幸好自身实力够硬,又得贵人相助,方才化险为夷。

就这样,我的师兄弟们见山开路、遇水搭桥,总能逢凶化吉,将通背劈挂拳在香港繁衍开来。

黄传勋

　　武而优则演,这是当时香港影视圈的一条规则。陈发淼被大导演罗马看中,出演电影,侯朝声等人也先后踏上这条路,成为电影明星,这反过来扩大了通背劈挂拳在香港的影响力。同时他们也坚持训练弟子,陆续培养出一大批人才。

　　黄传勋 1964 年在鼓浪屿跟随我父亲学习通背劈挂拳,1978 年移居香港任职政府公务员。工作之余,他广收弟子,传授通背武术。经过几年的悉心培养,有弟子上千人,遍及香港的各个角落。他的弟子沈徐良在 1980 年代多次夺得香港自由搏击擂台赛冠军,并在 1983 年东南亚自由搏击赛上获得季军。他的儿子黄瑞禄 1984 年 5 月在香港新伊丽莎白体育馆中泰拳术对抗赛中,顽强拼搏,勇克强敌,成为中国功夫唯一的获胜者。此外,香港著名武术家、香港中国武学会的会长王锐勋也跟随黄传勋学习通背劈挂拳,并于 2008 年 2 月参加第三届香港国际武术比赛,获得通背拳三个项目的冠军。

　　侯朝声在尖沙咀、铜锣湾的武馆,取名"青城武术学院",前后

黄瑞禄(左)在 1984 年中泰拳术对抗赛

教了 500 多位学生,其中很多是醉心于中华武学的洋男洋女。他的弟子成绩也很出色,并且那些弟子们走出香港,在世界的武坛上展现了通背拳的魅力。梁海平多次获得香港自由搏击国际邀请赛金牌,是东京世界自由搏击大赛金牌得主。施奇获得 1975 年东南亚国术比赛亚军。余俊民获得 1974 年夏威夷国术邀请赛金牌。Robert Poeir,是全美自由搏击大赛冠军,被评为 1977—1978 年度全美十大天才拳手。这些人在国外的武坛上都曾经享誉一时。

大师兄洪敦耕先生 1985 年移居香港,以行医教拳为业,曾被聘为香港福建体育会及香港厦门联谊总会顾问,2010 年被国际南少林五祖拳联谊总会授予"荣誉十段"称号。几十年来他潜心学问,文武医并重,写出了不少文笔晓畅、见解独到、雅俗共赏的作品,广受海内外读者的欢迎。

通背劈挂拳八代弟子陈进强年轻的时候到澳门发展,在澳门的商界享有盛名。同时他也致力于传播通背武术,被澳门泰拳总会聘请为总会名誉会长。澳门泰拳总会每年在威尼斯人酒店隆重举办的国际职业拳击比赛上,经常可以看见陈进强的身影。

陈进强演练太极剑

影视中的通背武术

我父亲流传下来的通背劈挂拳套路结构紧凑连贯、一气呵成,毫不拖泥带水。演练起来,吞吐浮沉,穿蹦跳跃,捷如猿猴;同时放长击远,大开大合,滚背闪劈,又刚猛威勇,气势磅礴,具有很强的攻防技击涵义和独特的表演价值。在器械对练中,以本门所特有的刚猛威武风格来演绎"三节棍进枪"、"三节棍擒枪"、"梢子棍进枪"、"大刀进枪"、"双刀进枪"等传统套路尤为精彩,对练起来枪棍交加,劈摔点刺,迅猛异常,煞是紧张惊险,迫真热烈,具有极佳的表演和视觉效果。这也是我的师兄弟们在竞争激烈的香港影视圈立足的技术根基。

锥处囊中,自然脱颖而出。他们很快被香港影视圈的星探们挖掘出来。刚开始是在电影里担任武术指导或动作替身,渐渐地走上前台、崭露头角,成了独挑大梁的明星。

香港电影《出笼马骝》海报

陈发淼在香港电视剧《神雕侠侣》中扮演黄药师

陈发淼出生于1946年,15岁的时候跟随我父亲习练通背劈挂拳,是通背武术社重要的一员,尤其擅长枪术,多次获得武术比赛冠军。他移居香港后,因为武艺出众、形象俊秀,经人推荐进入香港邵氏电影公司,艺名关锋、关东。1979年他出演了《出笼马骝》,矫健的身手广受好评,被香港报纸誉为"关东枪王",从此一发不可收拾,又陆续出演了四十多部电影、电视剧。

侯朝声初到香港时,受大学老师所托拜会了一位长辈袁小田,而袁小田的儿子就是现在的国际级动作片导演袁和平。袁和平对侯朝声的身手非常欣赏,因此,他拍摄《蛇形刁手》和《醉拳》的时候,特地邀请已签约邵氏电影公司的侯朝声出任动作指导。片中不少招式,就是由侯朝声编排的。特别是成龙的代表作《醉拳》中,那潇洒飘逸、变化多端的醉拳并不是传统的套路,而是侯朝声和袁家班的袁振义等人一招一式慢慢琢磨、创编出来的。侯朝声又用了二十多天时间教给了成龙,这才有了后来红遍两岸三地的"醉拳"。

侯朝声(右)剧照

香港刊物报道侯朝声

值得一提的是，陈发淼、侯朝声在香港拍摄的动作电影，不仅他们扮演的角色经常使用通背拳的套路。在他们成名后，更是直接推出了不少以通背拳为主题的电影。比如陈发淼、侯朝声出演的电影《出笼马骝》讲述的是程小东和侯朝声扮演的主角逃亡途中找到"通背拳秘籍"，因而力克强敌（陈发淼扮演）的故事。侯朝声和陈发淼两人一起主演的《唐山五虎》则讲述了通背拳第三代传人报仇雪耻的故事。在他们的电影中，依稀可以看到我父亲传授的通背劈挂拳对练套路的影子。

饮水思源，他们在接受媒体采访的时候，总是不忘了说自己来自厦门鼓浪屿，是孙振寰的弟子，练习的是通背劈挂拳。

大陆的电影中也有通背劈挂拳弟子的身影，最著名的是1986年版《西游记》里面二郎神的扮演者林志谦。说起林志谦，前面已经有过介绍，他是格斗专家，曾经担任过军、警、特种部队、拳击散打队的教练，他的学生许耀鹏、刘泽东、陶建军、王伯余、陈建忠、廖福荣、陈金长、吴晨燕等是拳击、散打界的世界冠军、全国冠军。因

香港电影《唐山五虎》海报

此,林志谦在武术界中,素有"八十万禁军教头"的雅号。因为扮演的"二郎神"帅气俊朗、生动传神,网络上评价为史上最经典的二郎神形象,故而又有了"二郎神"的美称。

林志谦在 1986 年版《西游记》扮演的二郎神

电影《紧急追捕》海报，右一为林志谦

1982年，《西游记》导演杨洁在全国采风的时候，偶然认识了在福建省武术队的林志谦，被他高超的武艺所吸引，遂邀请他到《西游记》剧组担任武术设计。在《西游记》6年的拍摄过程中，林志谦设计的武打动作简洁硬朗、衔接流畅，既充分展现了不同器械的特点，又切合神话人物的性格特色，为剧情增光添彩，助力86版《西游记》成为中国电视剧中永恒的经典。当时剧组经费有限，每个人都要身兼多职，除了扮演二郎神外，林志谦还扮演了混世魔王、广目天王以及各种群众演员，由于这些角色都不便露脸，因此给观众留下了深刻印象的还是二郎神的形象。1989年林志谦在电影《巴黎来的枪手》中担任武术指导，1990年主演了电影《紧急追捕》并担任动作导演，1998年他又在《西游记》续集中担任武术顾问。

学以致用

除了本书采访到的师兄弟外,还有一些知名的武术家也是我的师兄弟。他们是:

杨汉国,男,1943年出生,泉州人,中国武术六段。1955年跟随我父亲学习通背劈挂拳。1958年参加福建省武术比赛,获少年组一等奖。1964年参加在厦门举行的福建武术锦标赛,获男子甲组全能第一名、枪术第一名。1961年担任厦门市武术集训队教练,同年带队参加福建省少年武术锦标赛,获团队总分第一名。1961年—1964年任厦门市体委武术教练期间摒弃门户之见,深入专访新垵及各门派武馆,发掘武术人才。

杨汉国 　　　　　苏汉珍

杜椪狮,男,1940年出生,厦门人,中国武术六段。曾在厦门二中任武术教练。

陈平国,男,1946年出生,厦门市人,1963年福建省青少年武

杜椪狮（左）、郑高能（中）、高毅（右）

陈至刚

术比赛，获长拳第一名、表演一等奖、全能第二名、短兵第二名、长兵第三名。1964年获北京市高等院校武术比赛长拳器械第一名。

高毅,男,1948年出生,厦门市人,国家一级裁判员,多次在省市比赛中担任裁判工作。

陈至刚,男,1950年出生,厦门市人,中国武术六段,省煤炭产业体协武术分会会长。

苏汉珍,男,1950年出生,厦门人,擅长技击。

这些年来,我们师兄弟在将通背劈挂拳发扬光大的同时,也谨记我父亲的教诲,静以修身、谦以养德。当然,养兵千日用兵一时,在需要用到武术的时候,也不能随意屈膝示弱。

这一方面,施载煌先生堪为师兄弟中的典范。他在我父亲逝世三十周年的讲话中,提到了他在实战中运用我父亲所教的技术的事例,生动而精彩:

孙老师的技击有两个特点。第一个特点是既放长击远,又近身短打,乃"于彼劲将出未出之际,我劲已接入彼劲,恰好不后不先"。对方攻来,孙师并不退让,而是主动向前,从对方手、脚跟部或躯干切入,进为人所不及知,中亦人所莫名速,在瞬息万变间,后发先至。

特点之二:不是硬冲硬撞,而是常用巧劲取胜。某次武术大会后,武术队的王某和周某试手。二人右手在胸前互搭,王某刚一使劲,周某反顶,王来一个"转巴掌",打了周左脸一掌,周即转头摇双手,自称不如。孙老师回厦门后对我说,"转巴掌"很好破,可用"随风扫叶"制之。王某与周某交手后,也曾同孙师较量,二人均以双手相搭,孙师接力后,先用横劲,再用坐劲,一化一按,王某生被"发"出仰卧床上,王先生起来再较两次,孙师均把对方打坐床上。拳谚曰:拳打不知,知拳不打,孙师三较均用同招,王某是高手,"知拳"还解不了,足见孙师高超之处。正是:不怕对方千招会,只怕对方一招熟。

孙振寰老师之众多门人，均得到老师的许多秘传。下面谨以我的经历作为孙师散打技术之高明的证明。

我习拳52年来遵师训从不与人吵架斗狠，对方再如何挑衅，从不应手。但如突遭袭击则必还招，后发先至，从未失败，均孙师传授之果。1958年"五四"青年节晚饭后，合肥工大全校学生集中在田径场活动，闲等无事，徐州杨新涤（高1.8米的田径运动员）、江苏马瑾等三位高大的同学看准健壮如牛的浙江义乌同学龚美桂，突从背后，同时行动，一个抱腰，两个抱腿，将龚抱起摔倒，周围同学哄堂大笑并退出数步，唯我仍站原地。因为我认为，我和绝大多数没作弄龚的人，本不应后退；虽然大家退了，我是习武之人，后退岂不被人笑话，自然，不退很可能引火烧身。果不其然，美桂坐在地上，清除掉额头上的泥土，抬头一看，只见我一人站在当中，他便朝我猛扑过来。我当时非常瘦，不到104斤的我一个"背胯"将127斤的龚从自己头上甩到背后，龚又一次落地，又是一阵"哄堂大笑"，闹剧结束。第二天，同专业同年段的永春戴清桂同学对我说："你才是真功夫。"我告诉他，这是鼓浪屿孙振寰老师教我的，戴与诸多同学遂参加校武术运动队，从我练武术。

也是在合肥工业大学的时候，同班一位高中同学作弄我，将我的雨伞藏起来，我找了许久未果，时已上午第三、四节课间，如再找不到，第四节一下课，同学们都走了，我得淋雨了。于是以孙老师传授之擒拿法"顺手牵羊"，"牵"着他走，直到他因极其疼痛不得不告知我方向，牵至藏伞处，见伞后即解放之。

1958年至1960年，我在安徽省、全国武术比赛中取得不少成绩。1960年，有一次我从合肥工大第一学生食堂的靠西的北门出去，北面乃略高之地，我一出门，高地上走下人高马大、150多斤重的校篮球队队员、1957年之前厦门市中学男子篮球队主力队员郑永志同学,他突然两手抓我欲扳倒我,我也两手抓他两腰,同时进左脚,采用孙振寰老师解放前在鼓浪屿洞天酒楼制服外国武士之招,干脆利索地将郑摔成屁股坐地。郑站起来后,我见他南行食堂,便继续北走,双方均未说话,似无此事,也是好玩。

1963年我在机械工业部三明重型机器厂工作,孙老师教我的"梅花架"帮了我一次大忙。同宿舍的锻工葛根土,知我会武术,一日在宿舍,两人相对而立讲话,他突然以双手抓压住我双肩,说,你能如何?我四肢、躯干没碰阿土(他的外号),"梅花架"中的"凤凰展翅"让我快速一"展",干净利落,阿土顿时"四脚"伏地。他24岁,高大体健,双眼如铜铃,吼声如雷,脾气暴躁,厂内人见人畏;他每天上班抡大锤,间或也抓钳子、使榔头,故筋骨健壮,双手跪挫水泥地,幸无伤害。阿土成为该厂第一个从我学通背拳者。

孙振寰老师有一招"一个屁股八百斤",此招我得益三次。两次在三明重机厂,1964年,厂篮球队主力、"文化大革命"时派的排头兵、供销科采购员魏文港,1967年,厂篮球队队员、锻铆车间冷作班班长万岳用,均突如其来,从背后欲连我的双手拦腰抱起,我胸有成竹,任其连手抱住,对方欲把我抱起摔倒,不料我固若磐石,双脚丝毫没有离地,其中,魏还不信,重新往腹胯处再好好地抱一次,仍抱不起来,放开后,说我力气很大。其实,我不是靠力与他较,而是用孙老师传的横劲和坐劲。另次是1973年在上海重型机器厂锻冶科,身强力壮的技术干部陶忠国在我答应任他连手抱、任他摔、不进攻他的前提下,全科的人把大桌拉开,我让他如上从后抱,陶抱摔我三至五分钟左右,终不能抱起。

三明重机厂钻工何博笔,曾被北京出差来三明的同乡人伤害,翌晨,何到三明地区第二招待所四楼某房敲门,门一开,何没说一句话,右手持带去之短木棍直捅北京来人左眼,即出血致瞎。我与何1967年同在工厂文艺宣传队,一次到市工人俱乐部排练,在俱乐部前厅,他突从我身后欲击我右额,我闪过,连上两掌擦其头,他已无还击能力,抱头防打,但我不再进攻。历来,我都是对方认输或不能抵抗即停手。我所用的只是孙老师培养出来的"眼明、手快"的素质。他大概是听说我有功夫,故亲自一试。

孙振寰老师还教我们练"千斤棒",它能增加指力、抓力、掌力、腕力、臂力等,此功也使我三次解决烦难。1964年我同三明重机厂热处理工人、高壮的江苏人姜正棵在工厂的浴室洗澡,记不得何因,后我伸手在他的背部抓了一下,旋即分开。过三周,姜告诉我,"我背后被你抓后痛了几天,抓出的五个红色指印,两周方退"。

1974年在上海重型机器厂第一水压机车间生产技术办公室,车间工具员陈金标认为现代京剧"智取威虎山"杨子荣一把抓住栾平项、背部,便能将栾平提走七八步,是夸大武术之技能,并欲让我一试,我伸手在其项背部的斜方肌,肩胛提肌一抓提,其痛无比,屁股稍离椅,上身往上就我,我见状松手。坐在他对面的技术组长方博天说,从阿标的表情,看得出他极其疼痛。我说,当我一抓,他疼痛无比,我上抓提,他得顺着向上起立以减少疼痛,我如斜上抓提,他得顺着走;杨子荣交替斜上抓提和稍放松(极短时间),栾平只能一纵一纵地跳点,顺着斜抓提的方向去,看起来,像是栾平被抓提走七八步。

1979年我在石家庄参加第四届全运会武术比赛,与某教练住同一宿舍,一日我回宿舍,见他与福建省武术队少年队教练张大勇研究擒拿法,我以孙振寰老师的"葫芦包头"交流。他亲自尝试了一下"葫芦包头",感觉到"葫芦包头"确实无解。此时某省队教练也来我宿舍,便也询问"葫芦包头",我也将具体操作言知,只是不想第二遍全套实战操作,没有让他完全吃足跪足。一会儿,他们三人都走了,突然这位省队教练又进来,我正双腿叠坐床上。他高大粗壮,伸手抓我胸部,要我"葫芦包头"再次解之,边说、边抓、边沉、边拉,欲将我拉下床,"拳打不知,知拳不打",我不用刚告诉他的方法去解,也没伸双脚下地,仍端坐床上,"围魏救赵"伸右手抓提其左腰背的背部深肌、腹外斜肌,该省教练被我抓提疼痛难忍,并重心漂浮,再无能力抓拉我胸部,松手了。

我曾在长春遇到一位通背高手。他是第一汽车厂冲压车间厨师,不识字,那时合肥工大金属压力加工工艺及设备专业在冲压车间实习的同学同车间职工进行春节联欢,我表演抹面拳,他也表演通背拳,联欢后我从他学习散手,除夕晚上,他请我在他家中坐炕共进年夜饭。他传授的通背打法,与孙老师极是相同。

与厦门市武术家的交往

这几年经常有北方通背拳的同门到厦门来探访,在座谈的时候,有的人会感叹通背拳在厦门的发展历史和规模,很难想象我父亲凭着一己之力,就将通背劈挂拳在闽南繁衍壮大,并远播海外。他们往往夸赞我父亲技艺高超,堪为一代宗师。然而,我认为,技艺的高强固然是根基,但是要在一个陌生的地方立足、繁衍,更重要的是他的人品和性格要得到周围人群、同行业人士的认可和尊敬。在我的印象中，我父亲在武术圈中几乎都是朋友，从不与人产生龃龉，更没有敌人。

厦门市是海防前线，自古有习武的传统，盛行南拳，五祖拳是其中的代表性拳种。根据《福建省武术史》（林建华著）记载，五祖拳是清末晋江人蔡玉明在流传于福建民间的太祖拳、达尊拳、罗汉拳、行者拳、白鹤拳等五种传统南派拳法的基础上，兼容并蓄，形成的一种武术流派。1913年蔡玉明的弟子人称"玉面虎"的沈扬德在新垵村创办鹤阳堂武馆，后来更名为新江国术馆，传授五祖鹤阳拳，门下人才济济，有著名的十大虎将，为五祖拳的传承与发展做出巨大的贡献。1924年蔡玉明的另一个弟子杨捷玉在厦门港沙坡尾开设鹤协武馆，又在鼓浪屿开设鹤武国术馆，学武的人络绎不绝，培养出林玉忠、柯金木等一大批著名武术家。时至今日，五祖拳仍然是厦门市练习人数最多的拳种。

我父亲在厦门数十年，与五祖拳武术家们的交往一直都很密切，丝毫没有门户之见。厦门许多五祖拳武术家如柯金木、何志华等都主动带自己的儿子到我父亲门下学艺，同时一些已经学有所成、甚至已经开馆收徒的拳师如黄泰山、曾谋尧、陈有灿等也拜在我父亲门下，学习通背劈挂拳。而大师兄洪敦耕后来跟柯金木老师学习五祖拳，我父亲也欣然同意，并勉励他要学全、学精。

陈超文回忆称：

> 上世纪六七十年代，鼓浪屿的街心公园里经常有一些"打拳卖膏药"的土拳师，专门卖些伤药，同时为吸引观众，买药之前也会表演一些武术、杂技。这些人大都是闽南人，表演的也都是南拳。当时的社会文化生活比较单调，因此每逢这个时候，街心公园总是里三层外三层围满看热闹的人。而孙老师每天下午都会到街心公园和一些老朋友下棋、聊天。但我发

现，每当有人来"打拳卖膏药"时，老师总是默不作声地悄然回家，从不去凑热闹。有一次，我忍不住问老师：为什么不去瞧瞧？老师对我说：卖药的都是练南拳的，我上去看，万一他说北拳是花拳绣腿中看不中用，观众再一起哄，我不得不上去和他交手。一交手必定要伤到他，人家出来卖药也是为了养家糊口，我把他伤了，他的生活怎么办？他的家人怎么办？所以干脆不去看，省事。

柯国丰说：

孙振寰先生虽然是通背门一代宗师，但是他为人正派、平易近人，完全没门派偏见，是一位深得厦门市社会各界、武术各派敬重和爱戴的武术家。

在隆重纪念孙振寰老师120周年诞辰的时候，我不由自主地回忆起往事。我的父亲柯金木练习五祖白鹤拳，是地地道道的厦门人，而孙老师是河北沧州人，虽然家父普通话讲得不好而孙老师全讲普通话，但是这丝毫都不影响两位老人家的交流与沟通。武术使两位天南地北、素昧平生的武术家从相识至相知，最终成了无所不谈的知己好友，在厦门武术界传为佳话。

武术是厦门老百姓喜闻乐见的运动，每当有武术的表演，场场都是人山人海、座无虚席。"文革"前的厦门在春节、五一等节日都会举办武术表演，通常在厦门中山公园的灯光球场举行。表演一般在晚上举行，结束的时候都比较晚，孙老师和住鼓浪屿的弟子要回去就比较麻烦，因为当时厦鼓渡轮11点后就停航了。有一次表演完，孙老师和弟子们赶不上轮船，家父就主动邀请孙老师和弟子

柯金木(1908—1964)

到我家诊所休息。虽然只是简单地打个地铺,提供些茶水面包,但解了燃眉之急。从那以后,每逢武术表演结束赶不上渡轮,孙老师都会住到我们家里。从中可以看出两位老武术家之间深厚的情谊。

万籁声老师

提到上世纪的福建武林,就不能不提到六合自然门的万籁声大师。

万籁声出生于1903年2月,十七岁考入国立北京农业专门学校,在校期间拜赵鑫洲为师,练得一身好武艺,后来又拜杜心五为师。杜心五是自然门第二代掌门人,武艺高强,曾任孙中山先生的保镖。由于万籁声悟性高,又很能吃苦,因此杜心五对他倾囊相授。

1928年10月南京举办第一届国术考试，万籁声一战成名，被当时两广总指挥兼广东省主席李济深看中，聘请他赴广州担任两广国术馆馆长，授少将级军衔，那时他才25岁。到广州后，当地武术名家不服，纷纷前来要求比试，万籁声来者不拒。他动静无始、变化无端、虚虚实实、自然而然，在比画中，经常打得对手措手不及、毫无招架之力。其后，万籁声又辗转南北，在上海、河南、武汉、广西等地从事武术活动。1945年以后万籁声定居福州，先后授徒3000多人，培养出众多全国冠军和武林高手。

万籁声早期撰写的《武术汇宗》，是近代第一部武术理论书籍。他又编写了《国际武术体操教范》《武术言论集》等书，是文武双全的武术大师。

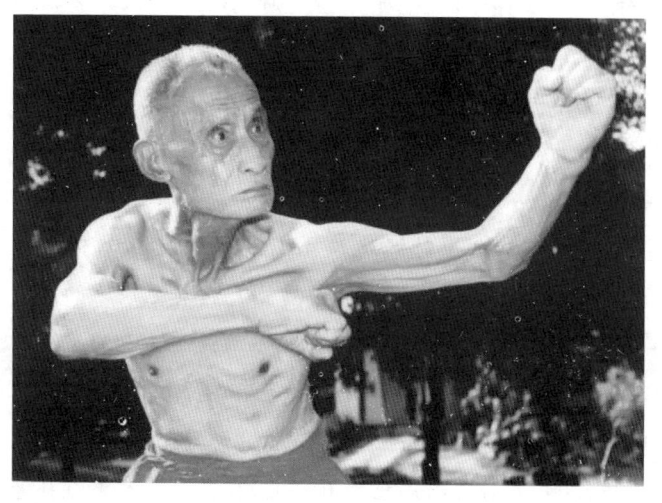

万籁声（1903—1992）

1957年，我父亲和万籁声老师在代表福建队参加全国武术观摩评比大赛的时候认识，惺惺相惜。互通师承后，发现都曾学习过刘德宽的六合枪，又和赵鑫州有过交往，两人的关系就更亲密了。

万籁声老师年轻的时候武艺高强，桀骜不驯，对于浪得虚名的武林人士，从不假以颜色。上世纪八十年代，某位武僧暴得大名，到福建讲演的时候，将自己的事迹说得天花乱坠。同在主席台上的万籁声不动声色地伸出三指，扣住武僧的手腕，武僧怎么也挣不脱，只好哀声告饶。可是他却和我父亲惺惺相惜、互相扶持，成就了福建武林的一段佳话。1958年，福建省武术集训队选聘教练的时候，万籁声鼎力推荐我的父亲，认为只有我父亲具备这个资格。万老师曾经说过，福建省武术界一直以来都是南拳的天下，外来武术门派能在福建立足的，除了万籁声，就数孙振寰了。

1958年，我参加福建省武术集训队训练，和父亲一起住在福州。到了休息日，父亲就带我去万老师家拜访。两位老人家谈天说地、印证武学，其乐融融。当时大家生活都比较拮据，有次，一位好事者给万老师算命，说他明年会发财、富裕起来，万老师马上很高兴地对我们说，到时候，你们都到我这里来生活吧！友爱之情溢于言表。

郑高能也回忆了我父亲与万籁声的感情：

孙振寰老师平时沉默寡言，待人和蔼可亲。他的功夫博而精，但为人敦厚淳朴，从不流露出鄙视其他门派的态度。他与当时福建武术界的老拳师们几乎都是好友。1967年，我师从孙振寰老师已经三年了，知道老师的功夫非凡，但同时也知道了万籁声老师。当时不知深浅，总想把二位老师拿来比较比较，也就是好奇心而已。有一天，我独自一人跟随孙老师从鼓浪屿到厦门市区，见老师高兴，便乘机插上了话。记得当时很直截了当地问："老师，您有没有跟万老师比试过？"孙老师沉吟了一会儿后，说道："比是比了一下，他的功夫很不错。"就再也不肯言及其他了。

也是在当年的八月份，征得孙老师同意，我和李明龙师弟经由洪敦耕师兄的介绍到福州拜谒万籁声老师。当洪敦耕师兄向万老师介绍我们的时候,万老师话随口而出的第一句话是:"孙老师功夫好啊,你们要好好学习。"那时候,我并没有觉得这句话有什么不寻常的地方,人与人之间嘛,总会这么客气一下。可是接触多次后,就知道万籁声老师的性格是无拘而张扬、毫不做作的,普天之下让他瞧得上眼的武师,可以说没有几个人。他与孙老师之间的互敬,绝不是什么客气,而是自然流露、由衷的心里话。

记得在1974年到1975年间,孙老师已经病逝了,我因处理公事常常到福州去。事情办完了,老往万籁声老师家里跑。万老师记得我来自鼓浪屿,他很热情地向在场的人们这样介绍我:"这是孙老师的学生。孙老师走了,现在,他的学生都划归我了!"那种亲切的态度,让人一下子就感觉到他是一直把孙老师当作自己兄长看待的。我想,是孙老师的武功和武德同时都得到万籁声老师的敬重的缘故吧。

王景春和于宝善

我父亲武术圈中的另一个好朋友是王景春。他是河南襄城人,出生于武术世家。7岁开始就在父亲指导下练习心意拳,又广拜名师,兼收并蓄,精通内外家拳术,尤其擅长武松醉酒拳和梅花双刀。1936年河南省国术比赛在开封市举行,年仅22岁的王景春在擂台赛中力挫群雄,荣获"壮士"称号。1952年,王景春来到福建漳州市居住,开办伤科针灸诊所。1957年他和我父亲一起参加全国武术观摩大会。以后,他每逢到厦门行医、办事,都会专程到我家中,和我父亲谈武论道。他比我父亲小了近20岁,喜欢和我父亲开玩笑。我父亲常和我们说他的故事。

王景春(1917—2002)

郑高能说：

我没见过王景春老师，但常听孙老师说他为人豪放，魁梧高大，嗓门也大。孙老师跟我们提及他的时候，总是笑盈盈的，看起来挺喜欢他的样子。

有一天，孙老师在外面坐着看我们练武，想起什么来了，独自笑了起来。见我们奇怪，老师就说："又想起王景春来了，被这家伙耍了。"原来，王景春有一天来到鼓浪屿通背武术社，孙老师很高兴，盛情款待。哥俩讨论起武术，说到摔跤招式的时候，孙老师说他的背胯动作干净利落，王景春说他的招式更实用。说着说着，两人就争辩起来了。王景春提议每人用自己的动作摔对方一次，体验一下谁的好。孙老师觉得这办法可以分出高下来也挺公道，不假思索就同意了。王景春立即说,那么就我先摔你吧。孙老师敦厚,心想就随便他,反正一人一次,就让他先把自己给背上。不料王景春把老师从背上往地下一摔,哈哈大笑后,随即逃之夭夭。孙老师说,"我这么一个200斤的个儿,让他往场上一摔,还没回过神来,那家伙就跑没了!"说着说着,就又笑了起来。

我父亲还有一个好朋友叫于宝善(约1900—1967),他是天津人,民国时期曾任南京中央国术馆教员,与万籁声老师共事过。后来定居厦门,与我父亲同在厦门市精武体育会。解放后他在中山路开私人诊所,业余时间在烈士纪念碑下传授武术。

大概是在1953年,厦门市有个武术表演,于宝善和我父亲表演摔跤对练,他来到通背武术社和我父亲排练。他练的是太极拳的摔法,而我父亲练的是正宗的摔跤,更懂得怎样保护自己不被摔伤。因此,我父亲主动提出,过肩摔的时候由于宝善老师来摔他。通背武术社练习摔跤的时候并没有护垫,我父亲一次又一次地被于宝善摔出,发出"砰砰"的声音,直到动作演练成熟。后来这个项目在比赛上博得了满堂彩。

休息日的时候,于宝善常来鼓浪屿探访我父亲。后来,他想扩大生源,就跟我父亲说想到通背武术社兼职教武术,我父亲欣然同意。1954年到1957年,他在通背武术社传授太极拳108式、太极剑、太极推手、形意拳、八卦散手、梅花拳等。

郑高能对于宝善老师也印象深刻:

> 于宝善老师是我们通背武术社的一个教练,他精湛的技艺、认真负责的精神给我们留下深刻的回忆。可惜的是于宝善老师因为解放前在国术馆被国民党政府授予校级军衔的历史问题,在1967年的时候跳楼自尽了。

1975年秋天,我独自走在厦门古城西路,碰到一个朋友在帮忙一个老太太。朋友介绍说这是于宝善先生的遗孀。当时于太太50多岁,虽遭大难,但衣着干净整洁、面色平淡,感觉很祥和朴实。谈话间,我告诉朋友说明天要去福州办事,还准备去拜访万籁声老师。于太太突然打断了我们的谈话,她让我去福州时,千万记得代她向万老师致谢。

原来,于老师去世后,万老师知道这个噩耗,千方百计查到了她的地址,从此每个月邮汇给她20元,逢年过节加汇10元。而她至今都未见过万老师。当年的每月20元是什么概念呢?当时每人每月平均生活费在5元以下的家庭,就可以申请困难补助,每人5元以上的,就算是过得去的家庭了。

可是万籁声老师也不富裕,他原本在福州东街保健院当风伤科医生,还有固定收入,后来因历史问题被辞退,就只能靠在家中行医和收学生的学费来养家。学生的学费每人每月顶多就是2元,而万老师从不积蓄起来,总是无私地拿出来赞助别人。1992年,万老师在福州去世的时候,家无余财。如此高风亮节的老武术家,确实令人肃然起敬。

鼓浪屿通臂拳

2009年我们师兄弟到沧州参加通背劈挂拳颁谱大会的时候,与全国通背劈挂拳传人进行了深入的交流。在功法上,各地的通背劈挂拳大同小异,但是细节部分都有自己的特色。不过,像我父亲传下来的通背劈挂拳套路这么多的已经很少见了。我父亲传给我们的套路,有些在沧州已经失传了。

这几年,我将我父亲传给我和各位师兄弟的武术套路东西整理了一下,有 57 套之多。2015 年,我们将这些套路定名为鼓浪屿通臂拳,申报了厦门市思明区的非物质文化遗产,2019 年又申报了厦门市非物质文化遗产。

整理后的鼓浪屿通臂拳有以下这些套路。

拳术 17 套:梅花架、功力架、三步架、抹面拳、青龙拳、八挂拳、小八极、大八极、六角式、风套拳、九宫趟子手、二路趟子手、炮捶、通背捶、通背关东拳、白猿三出洞、通背元式太极拳。

徒手对练 8 套:小连环、大连环、桃花伞、十二连捶、八步钩、拍锤、地盘锁、对擒拿。

苏约翰(左)与张朝灵(右)演练通背十二连锤

器械 20 套:梅花剑、九宫纯阳剑、双手剑、梅花刀、七星刀、劈挂刀、劈挂双刀、通背苗刀、梅花枪、七门枪、六合枪、方天大戟、方便铲、春秋大刀、孙膑双拐、七节鞭、太师十三鞭、太师虎尾鞭、三节棍、梢子棍。

林振明(左)苏约翰(右)演练梢子棍进枪

器械对练12套:梅花对刺剑、梅花对劈刀、梅花对扎枪、六合对扎枪、单刀拐进枪、双刀对枪、大刀破枪、三节棍进枪、三节棍擒枪、梢子棍破枪、空手夺枪、空手夺梢子棍。

部分套路拳谱是这样的。

1.梅花架

(1)通背上式(2)左右分掌(3)跨虎穿袖(4)瞧地龙(5)独立亮掌(6)右二起脚(7)丹凤朝阳(8)雄猿弄臂(9)怀抱琵琶(10)行步回劈(11)分襟亮掌(12)闯趟子(13)左穿袖(14)右虚步单鞭(15)斜丹凤朝阳(16)提膝展翅(17)转身右穿袖(18)左虚步单鞭(19)燕子夺巢(20)勾手缠腿(21)左侧身捶(22)美人照镜(23)仙姑摆袖(24)喜鹊登梅(25)十字分心(26)冲天炮(27)下蹚捶(28)左横拐(29)旋风独立(30)崩捶(31)栽捶(32)白虎洗脸(33)丹凤朝阳(34)—(47)同(8)—(21)(48)燕子抄水(49)搂手切掌(50)凤凰单展翅(51)迎风挥扇(52)下膛支掌(53)转身单鞭(54)白猿摘果(55)撩阴掌(56)骑

马开弓(57)弓步十字(58)通背收式

2.功力架(通背拳)

(1)通背上式(2)金雕展翅(3)排山运掌(4)十字分心(5)挽弓开膈(6)雁翼舒展(7)十字分心(8)金鸡抖翎(9)雄猿弄臂(10)下膛支掌(11)转身单鞭(12)白猿摘果(13)弓步撩阴(14)骑马开弓(15)雄猿弄臂(16)撤步回劈(17)黄莺落架(18)金鸡独立(19)乌龙探海(20)金鸡独立(21)转身穿袖(22)右虚步单鞭(23)燕子夺巢(24)勾手缠腿(25)右侧身捶(26)虚步剪手(27)连环插掌(28)下膛支掌(29)转身单鞭(30)白猿摘果(31)弓步撩阴(32)骑马开弓(33)雄猿弄臂(34)撤步回劈(35)黄莺落架(36)金钩倒悬(37)盖掌穿袖(38)白猿披竹(39)摘星换斗(40)撩襟亮掌(41)闯趟子(42)回身缠腿(43)迎风挥扇(44)下膛支掌(45)转身单鞭(46)白猿摘果(47)照地龙(48)二起脚(49)纵步撩踢(50)旋风独立(51)崩捶(52)栽捶(53)白虎洗脸(54)丹凤朝阳(55)劈挂三掌(56)朝天直举(57)连环插掌(58)怀抱琵琶(59)行步回劈(60)分襟亮掌(61)闯趟子(62)盖掌穿袖(63)右虚步单鞭(64)斜丹凤朝阳(65)提膝展翅(66)转身穿袖(67)左虚步单鞭(68)燕子夺巢(69)勾手缠脚(70)左侧身捶(71)关平抱印(72)通背收式

3.三步架

(1)通背上式(2)霸王举鼎(3)顺水投井(4)斜打乌龙探海(5)顺水投井(6)斜打乌龙探海(7)顺水投井(8)野马分鬃(9)双撞(10)夹肘双撞(11)顺风扫雪(12)冲天炮(13)哪吒揽海(14)二郎担衫(15)马步挑打(16)拜式摘茄(17)二郎担山(18)马步挑打(19)三环套月(20)夹肘双撞(21)马步挑打(22)马步搂打(23)恨地无环(24)力翻乾坤(25)马步挑打(26)马步搂打(27)拜式摘茄(28)豹子跳涧(29)穿喉掌(30)单鞭撩阴掌(31)穿喉掌(32)力挽强弓(33)通背收式

张永聪演练劈挂掌

4.劈挂掌（又名抹面拳、马面拳）

(1)通背上式(2)左右分掌(3)跨虎穿袖(4)瞧地龙(5)行进插掌(6)行退插掌(7)燕子夺巢(8)饿虎扑食(9)跳步双撞(10)倒步双劈(11)拜式亮掌(12)劈挂三掌(13)寒鸡独步(14)跃步双撞(15)丁步砸打(16)跳步双撞(17)倒步双劈(18)拜式亮掌(19)劈挂三掌(20)寒步独步(21)乌云罩顶(22)燕子瞧食(23)行步箭踢(24)抹面伸抹(25)翻身劈挂(26)乌云罩顶(27)弧行穿袖(28)搂打三捶(29)右顶心捶(30)丁步砸打(31)跳步三捶(32)插步栽捶(33)翻身挂面(34)回身摔掌(35)勒马停峰(36)通背收式

5.青龙拳

(1)通背上式(2)双插掌(3)马步撑掌(4)鹞子穿林(5)栽捶(6)瞧地龙(7)三环套月(8)卧虎势(9)金鸡点头(10)瞧地龙(11)三环套月(12)卧虎势(13)单搓掌(14)双搓掌(15)黄龙摆尾(16)捧腕(17)雀地龙(18)盘腿(19)喜鹊登枝(20)魁星势(21)倒翻乌雷(22)扑挂(23)三环套月(24)卧虎势(25)箭步偷桃(26)三不落地(27)通

背收式

6.八挂拳

(1)通背上式(2)侧身展翅(3)跨虎抱肘(4)蹲步分心(5)冲天炮(6)下蹚捶(7)挂腿撑掌(8)仙姑摆袖(9)喜鹊登梅(10)瞧地龙(11)箭步推山(12)弓步分心(13)美人照镜(14)仙姑摆袖(15)喜鹊登梅(16)十字分心(17)冲天炮(18)下蹚捶(19)行步横拐腿(20)回身剪手(21)金鸡点头(22)冲锋连环捶(23)右回身捶(24)老虎回窝(25)仙猿出洞(26)转身老虎回窝(27)瞧地龙(28)箭步推山(29)弓步分心(30)美人照镜(31)仙姑摆袖(32)喜鹊登梅(33)十字分心(34)行步踹腿(35)寒鸡跳步(36)撒花盖顶(37)左回身捶(38)上步套捶(39)提膝展翅(40)腾空撒花盖顶(41)左回身捶(42)平沙落雁(43)连环三捶(44)左回身捶(45)左右推云手(46)左右劈山掌(47)双勾撩踢(48)饿虎扑食(49)跳步连环三捶(50)右回身捶(51)举火烧天(52)左里合腿(53)罗汉伏虎(54)弓步十字(55)通背收式

叶锦和演练小八极

7.小八极

(1)通背上式(2)双推掌(3)转身抱拳(4)顺水推舟(5)转身抱拳(6)寒鸡跳步(7)平沙落雁(8)连环三捶(9)左回身捶(10)行步跨虎(11)寒鸡独步(12)跳部双撞(13)回身二起脚(14)冲锋连环捶(15)右回身捶(16)二郎担衫(17)行步冲天炮(18)栽捶(19)左蹬脚(20)跨虎平胸掌(21)左蹬脚(22)后右蹬脚(23)冲锋连环捶(24)劈挂三掌(25)顶心肘(26)仙人推磨(27)震脚连环三撞(28)勒马停峰(29)白鹤亮翅(30)滚搂肉劈掌(31)回身二起脚(32)伏身扑地(33)旱地拔葱(34)冲锋连环捶(35)右回身捶(36)老虎回窝(37)纵步撩踢(38)右外摆腿(39)左里合腿(40)罗汉伏虎(41)弓步十字(42)通背收式

8.大八极

(1)通背上式(2)罗汉伏虎(3)斜打乌龙探海(4)并步右捶(5)撒步右栽捶(6)弓步右穿掌(7)白猿献果(8)披身伏虎(9)黄狼偷鸡(10)震脚推窗望月(11)撒步左栽捶(12)弓步左穿掌(13)上步七星(14)退步跨虎(15)并步崩捶(16)三花炮(17)海底捧沙(18)右过步撒放(19)海底捧沙(20)左过步撒放(21)右向双推(22)左撩阴脚(23)回身左拗步捶(24)右顺步捶(25)退步左捶(退步抱月)(26)箭步右打(跳步照掌)(27)斜打(摸身分掌)(28)上步托打(退步右挑)(29)上步右打(叉手锁足双推)(30)跳退独立摆肘过门(前抓发)(31)右撩阴脚(退步拍脚寒鸡跳步)(32)箭步右打(跳步照掌)(33)斜打(摸身分掌)(34)摆肘过门(前抓发)(35)右撩阴脚(退步拍脚)(36)落步右打(左拨)(37)上步左打(右拨)(38)上步右打(左贴弓拦腰)(39)顿肘右挂打(右贴弓拦腰)(40)顿肘右挂打(擒手锁足靠肘)(41)伸抹(扑地、左撩阴掌)(42)右挑手(上步右打)(43)擒手锁足靠肘(伸抹)(44)扑地(45)撩阴掌(右挑手)(46)右撩阴脚(退步拍脚)(47)通背收式

9.九宫趟子拳

一趟擂拳,二趟撑掌,三趟斜插掌,四趟劈掌,五趟鹞子穿林,六趟倒插步,七趟盘肘,八趟炮捶

10.二路趟子拳

(1)通背上式(2)并步双插掌(3)马步撑拳(4)鹞子穿林(5)转身坐盘(6)缠搏手(7)双分掌(8)扑挂(9)辘轳盘打(10)仙人睡觉(11)魁星势(12)倒翻乌雷(13)夜马奔槽(14)上步撑架(15)坐盘势(16)马步擂掌(17)顺水插柳(18)鹞子穿林(19)铜门铁扇(20)双云手(21)卧虎势(22)上步撑架(23)顺水插柳(24)坐盘势(25)马步挑拳(26)马步撑掌(27)高探马(28)三抓虎尾(29)炮捶(30)抱拳行步(31)马步擂掌(32)退步三掌(33)并步劈掌(34)三环套月(35)剪子手(36)双炮捶(37)双风贯耳(38)童子拜观(39)双云手(40)辘轳盘打(41)跳步穿袖(42)雀地龙(43)通背收式

11.炮捶拳

(1)通背上式(2)提膝撑掌(3)童子拜观音(4)双挂耳(5)白鸡分窝(6)抱肘(7)栽捶(8)上步撑掌(9)炮捶(10)上步三撑掌(11)窝心脚(12)退步三掌(13)顺手牵羊(14)单劈掌(15)高探马掌(16)雀地龙(17)窝心脚(18)魁星势(19)撩阴掌(20)斗弓势(21)撑掌(22)打虎势(23)窝心掌(24)打虎势(25)托枪势(26)撑掌(27)迎门铁扇(28)斜插掌(29)喜鹊登枝(30)通背收式

12.通背捶

(1)通背上式(2)上步拳(3)双撑拳(4)剪子手(5)单挂耳(6)喜鹊登枝(7)倒翻乌雷(8)挂塌(9)撩阴掌(10)反扯辘轳捶(11)挂塌(12)撩阴掌(13)扫躺腿(14)白虎洗脸(15)架打(16)穿堂捶(17)老牛托缰(18)栽捶(19)推窗(20)抹眉(21)挂塌(22)撩阴掌(23)小缠(24)挂塌(25)打虎势(26)三环套月(27)通背收式

黄峥嵘演练通背拳

13.通背关东拳

(1)通背上式(2)迎面掌(3)震脚冲拳(4)三环套月(5)抱肘(6)马步撑拳(7)滚劈弹踢(8)退步撑掌(9)穿袖震脚(10)旋风腿(11)童子拜观音(12)退步穿掌(13)走马扫城(14)栽捶(15)托枪势(16)炮捶(17)撑掌(18)滚劈弹踢(19)十字张口(20)缠缚手(21)双栽捶(22)通背收式

14.元式太极拳

(1)太极起式(2)揽雀尾(3)立马横刀(4)白鹤亮翅(5)左搂膝拗步(6)右搂膝拗步(7)左推窗望月(8)右推窗望月(9)双龙戏珠(10)左野马分鬃(11)右野马分鬃(12)手挥琵琶(13)右倒卷肱(14)左倒卷肱(15)右倒卷肱(16)左倒卷肱(17)旋转乾坤(18)气冲霄汉(19)玉女献花(20)左双鞭(21)右双鞭(22)云手(23)单鞭(24)下式(25)灵雀起舞(26)右击脚(27)左侧踹(28)双劈掌(29)右通背手(30)左通背手(31)右通背手(32)左通背手(33)仙人推磨(34)沧海

横流(35)揽雀尾(36)单鞭(37)行云流水(38)右开弓(39)行云流水(40)左开弓(41)指点山河(42)右搬拦锤(43)如封似闭(44)右金鸡独立(45)左金鸡独立(46)迎面锤(47)茶花盖顶(48)右拨云见日(49)右蛟龙入海(50)右白蛇吐信(51)左拨云见日(52)左蛟龙入海(53)左白蛇吐信(54)玉女穿梭(55)倒骑毛驴(56)左哪吒探海(57)左白蛇吐信(58)左窝心腿(59)右哪吒探海(60)右白蛇吐信(61)右窝心腿(62)仙人撒花(63)踹腿截击(64)霸王卸甲(65)仙人推磨(66)沧海横流(67)海底针(68)闪通背(69)子当锤(70)进步栽锤(71)右分腿(72)左蹬腿(73)转身侧击腿(74)右射雕(75)左射雕(76)上步挤掌(77)左劈挂掌(78)右劈挂掌(79)武松脱扣(80)双峰贯耳(81)上步摆莲腿(82)弯弓射虎(83)上步七星(84)退步伏虎(85)肘底锤(86)上步搬拦锤(87)如封似闭(88)七星锤(89)左云手(90)右云手(91)摇身卸甲(92)蛟龙入海(93)白蛇吐信(94)掌劈三山(95)连环劈掌(96)右斜劈挂(97)左斜劈挂(98)螳螂扑食(99)左推窗望月(100)右推窗望月(101)进步栽锤(102)迎面穿掌(103)子当捶(104)连环进击(105)野马分鬃(106)搬拦锤(107)如封似闭(108)太极收式

15.通背连拳对练(八步钩接十二连捶)

(1)甲乙通背上式(2)抱月掌(3)甲挑手臂掌(4)乙拔手拍掌(5)甲退步里磕(6)乙挤步抹掌(7)甲退步右架(8)乙进打右胁(9)甲随风扫叶(10)乙左挑右打(11)甲退步里磕(12)乙转打左耳(13)甲左护耳右穿捶(14)乙退步接肘(15)甲转环掌(16)乙左护耳进打胸(17)甲拔手拍掌(18)乙退步里磕(19)甲挤步抹掌(20)乙退步右架(21)甲进打右肘(22)乙吞肘吐掌(23)甲顺退锁扣(24)乙上步左插(25)甲顺退锁扣(26)乙翻身右劈(27)甲退步右架(28)乙进打右胁(29)甲退步吞肘(30)乙右击太阳(31)甲左拳上架(32)乙左打中脐(33)甲左拳下压(34)乙左拳反压顶(35)甲左拳上架接右撩阴脚

(36)乙退步拍脚跳步下蹲(37)甲饿虎扑食(38)乙左下架右穿捶(39)甲退步接肘(40)乙上肘式(41)甲推脱双飞脚(42)乙退步左拍脚(43)甲右击太阳(44)乙左拳上架(45)甲左打中脐(46)乙左拳下压(47)甲右击太阳(48)乙左拳上架接右撩阴脚(49)甲退步拍脚(50)乙右击太阳(51)甲左拳上架(52)乙左打中脐(53)甲左拳下压(54)乙右击太阳(55)甲左拳上架右掌刮耳(56)乙左拳上架挤步侧面穿捶(57)甲马步接肘(58)乙脱手右刮耳(59)甲左架右斜打(60)乙拔掌左刮耳(61)甲右架左斜打(62)乙拔掌右刮耳(63)甲上步左架打(64)乙退步拔掌左刮耳(65)甲上步右架打(66)乙退步拔掌右刮耳(67)甲上步左架打(68)乙拔手拍掌(69)甲退步拔掌左刮耳(70)乙上步右架打(71)甲退步拔掌右刮耳(72)乙上步左架打(73)甲撤步右擒左扫腿(74)乙抬腿落步左斜推(75)甲左擒手转拍肩(76)乙伏地右后扫蹚(77)甲左旋风腿(78)乙行步下蹲(79)甲行步踢耳(80)乙护耳拍足(81)甲落步右拳(82)乙退步双合手(83)甲转身叉喉(84)乙顺手牵羊(85)甲推脱双飞脚(86)乙退步拍脚(87)甲乙通背收式

16. 对擒拿

(1)甲乙通背上式(2)甲十字横摔(3)乙退步右挡上步左打(4)甲退步接腕拧臂穿打下颌(5)乙退步拧臂亮掌(6)甲俯身反臂转小缠丝(7)乙转身抹脖叉喉(8)甲转脖仰喉扣腕靠肘退步后转(9)乙握腕上步左转压肩断腰(10)甲反压肩断腰(11)乙退回拧臂双压肩(12)甲缩身插抓胸(13)乙双握手转身扁担揹(14)甲纵深双膝夹腰(15)乙揹甲行步(16)甲左手扣乙下颌(17)乙右手解扣转身(18)甲乙携手向乙右侧翻转(19)乙反臂抓脐(20)甲按手提肘(21)乙左手前抓发(22)甲退步双按手低头俯身(23)乙退步俯身上步仙人摘瓜(24)甲右拧臂左按肩(25)乙左拧臂右压头(26)甲抓腕转头(27)乙右跪膝(28)甲乙提步跳龙门(29)乙伸抹(30)甲扑地左撩阴掌(31)

乙右挑手(32)甲进步右拳(33)乙退步双搂(34)甲进步左右抓发(35)乙左右叠手按头(36)甲乙按头转圈(37)甲右蹬腿(38)乙抱腿(39)甲乙抱腿单足跳步(40)甲脑后摘盔(41)乙左拧臂转身右拍肩(42)甲左推肘右铲腿(43)乙右手拨开(44)甲转身左压顶(45)乙右架(46)甲上步右穿膛捶(47)乙退步接肘(48)甲反缠丝手(49)乙过门推肘(50)甲转身抹脖叉喉(51)乙转身仰喉顺手牵羊(52)甲切掌飞脚(53)乙右拍脚(54)甲右上靠手(55)乙过门左后抓发(56)甲按头转身抓发(57)乙过门按鼓手(58)甲双手抱玉枕(59)乙纵身双膝夹腰(60)甲背乙下场

17.九宫纯阳剑

(1)通背上式(2)金鸡独立(3)金鸡啄食(4)白蛇吐信(5)单分线(6)提柳剑(7)冰珠垂檐(8)天边挂月(9)猛虎翻身(10)渔翁撑舟(11)磨盘剑(12)犀牛望月(13)毒蛇甩尾(14)双分线(15)将军披甲(16)扬鞭打马(17)力举千斤鼎(18)撩衣跨镫(19)夜叉探海(20)太公钓鱼(21)海底捞月(22)甩头一指(23)上马势(24)纵马加鞭(25)走马扫城(26)左肋藏剑(27)抽闪剑(28)沙里挽金(29)仙人指路(30)金鸡抖翎(31)左右护膝(32)拔剑法(33)鹞子穿林(34)满天星(35)盘脖剑(36)檐鞭势(37)金鸡上架(38)鹤立鸡群(39)拨云见日(40)右胯刺(41)左滑扎(42)野鹤盘顶(43)左右截腕(44)换把反刺(45)诱敌回刺(46)摇旗观阵(47)败中取胜(48)箭步刺(49)反挑势(50)连劈三剑(51)孤树盘根(52)通背收式

18.梅花枪

(1)通背上式(2)迎门三枪(3)退步抽枪(4)单手刺枪(5)苏秦背剑(6)怀中抱月(7)弓步九枪(8)拨云见日(9)白蛇出洞(10)和尚担衣(11)白马分鬃(12)拔步赶枪(13)顺风打旗(14)猪龙拱地(15)拔草寻蛇(16)眛划刺枪(17)金鸡点头(18)抽枪倒把(19)单手架枪(20)大枪拥抱(21)十字披红(22)回马枪(23)三环套月(24)顺风打

孙祎炜演示九宫纯阳剑

旗(25)夜叉探海(26)大枪拥抱(27)日月穿梭(28)巧女认针(29)并步闭枪(30)金鸡点头(31)顺风摆旗(32)通背收式

19.方天大戟

(1)此戟本是一条龙(2)张牙舞爪刺前胸(3)提膝立戟指日月(4)童子献果刺正中(5)拨草寻蛇劈顺势(6)转身锁戟败势行(7)忽见秋风扫落叶(8)顺风扯旗飘迎风(9)黄龙行风拦腰斩(10)顺势扑戟落正中(11)蛟龙游水千层浪(12)游龙探爪劈前胸(13)猛虎伏山千斤力(14)金童托戟惊九天(15)提膝立戟指日月(16)劈山乌云见月明(17)太公钓鱼立门户(18)哪吒神功降恶龙

方天戟技击十字诀：劈、刺、粘、挂、云、扑、砸、锁、滑、架

20.太师十三鞭

(1)头一鞭，青龙探爪(2)高捧鞭，指天化日(3)地拉鞭，左右翻悬(4)握搅鞭，双龙开道(5)背手鞭，黑虎出山(6)玉驹鞭，赶山填海(7)金鸡鞭，山崩下拦(8)提炉鞭，扫上翻下(9)握云鞭，左右盘山

(10)定海鞭,猪龙拱地(11)单风鞭,云烟盖顶(12)齐门鞭,追风赶日(13)脑后鞭,神鬼难逃

蔡志盛演练太师十三鞭

21.太师虎尾鞭

(1)太师神鞭虎尾樽(2)怀抱太极镇乾坤(3)藏鞭埋伏单腿立(4)黑虎入洞肋下存(5)白蛇吐芯鞭尾刺(6)斜身埋伏向左门(7)苏秦背剑鞭赶日(8)托鞭救主马步蹲(9)卧身宛似虎入洞(10)悬摔虎尾不留情(11)独立埋伏左腿起(12)抚虎听风脐部存(13)悬身埋伏龙摆尾(14)横身回首占中门(15)拨草寻蛇藏玄妙(16)连环直攒神鬼身(17)灵猫扑鼠左腿跪(18)背鞭高举身后存(19)纵横四海怀抱月(20)白鹤别翅并腿蹲(21)黄龙出水左膝外(22)卧虎翻身向斜行(23)捧鞭埋伏龙探爪(24)回身挥鞭惊鬼神(25)仙人指路拨云日(26)两者之中毫厘分(27)地龙埋伏起点腿(28)凤凰点头向前行(29)狮子崩尾并足立(30)飞燕抄水衔泥行(31)风火双轮分前后(32)马后催鞭共绝伦(33)指南伏塔皆连贯(34)拜佛取宝两边存

(35)审判降妖左足起(36)归本还原要分明

太师鞭技击二十字诀:撩、拈、搜、刺、点;斜、退、转、旋、蹿;左、右、上、中、下;提、崩、搅、捧、拦。

太师鞭心法:鞭走步到,腿回鞭收;指上打下,崩左点右。进招有法,破招有术;鞭行风吼,速而不乱。

刘学峰演练春秋大刀

22.通背劈挂刀要论

短刃劈挂刀为母,劈挂刺撩赛猛虎。

单刀看手手为虚,手晃刀劈才胜敌。

此外,还有套路的歌诀。

(1)通背劈挂拳演练歌诀:劲力通畅势子悠,功架舒展腰为轴。脚踏黄泉头顶天,横平竖直臂抡圆。滚搂缠绕劈挂掌,翻滚撩砸内中藏。乌云罩月龙行势,蜂蜇狗咬上下忙。

(2)通背劈挂拳技击歌诀:气沉丹田不用忙,沉肩舒臂内力藏。

见招打势腰带力,两臂平展为横击。滚搂缠绕圈拦手,镟铲盘打抡臂劈。见空即入前截手,顺手进招弹劲击。

(3)通背劈挂拳运气调势要诀:两臂条直,搂臂合腕。拧腰切胯,沉肩下气。坐腰煞式,顶平颈直。

附录　孙振寰先生年谱

1898年8月,出生在沧州盐山县庆云镇孙八里村农民家庭。

1910年,拜师盐山县庆云镇小左村左东君门下,习练通背劈挂拳。

1920年,出外谋生,在天津镖局任镖师。

1926年,参加西北军,任武术教官。

1933年,参加大刀队长城抗战。

1934年春,到威海卫投考镖师,授任厦门中南银行镖师,来到厦门。

1935年,在鼓浪屿泉州路74号创办通背武术社。

1936年,在鼓浪屿与英国领事馆武官彼得较量。

1936年,为中南银行董事长黄某护院,以六合枪击溃入室抢劫之盗匪三人。

1936年底,从中南银行离职。

1937年,任英华中学武术教师。

1938年底,离开英华中学。

1953年,重开"通背武术社"。

1953年,洪敦耕等拜师学艺。

1955年—1956年,任厦门二中武术教师。

1955年春节,在厦门民族形式体育表演大会(中山公园原田径场)上,以及鼓浪屿龙头路原标准照相馆前,连日搭台多场表演,轰动厦门岛。

1957年,带领学生洪敦耕、施载煌、吕灿耀等代表厦门市参加福建省武术评奖观摩大会,获优胜奖。大会上与总裁判长万籁声结识,两人互相推崇,结为莫逆之交。

1957年6月,代表福建省参加全国射箭锦标赛武术评奖观摩大会,获优胜奖。

1958年,福建省体委聘为福建省武术集训队总教练。

1959年,带领福建省武术代表队,参加全国青少年,武术运动大会。通背武术社六人参加,全部获得优异的名次。

1963年,以名誉教练名义率厦门市代表队到泉州市参加福建省少年,武术赛比赛,厦门队赢得了团体冠军,且囊括了三分之二的奖牌,当地媒体惊呼:"几乎是孙振寰学生的表演赛!"

1964年,以通背武术社为主力的厦门队,再次夺得福建省武术赛团体冠军,囊括了福建省男子全能的全部名次,以及除南拳外全部男子单项冠军。

1972年6月3日,逝世。

后记

熟悉的陌生人

小时候,家父埋首书斋从不给我讲故事。所以,印象深刻的是,有一次,他翻出一篇文章,语带尊崇地告诉我文中的这个大武术家孙振寰有着传奇的经历,性格却宽厚朴实。早时,我二叔拜师孙振寰,家父每一次回鼓浪屿都会去泉州路看他们练武,每一次受到这个笑眯眯的老人热情的款待。

2009年,我二叔,就是本书中的郑高能,介绍我跟随孙庆先生习艺,我逐渐担负起通背武术社的文字工作,先后成功申办了区级非物质文化遗产和市级非物质文化遗产。

我认为我对孙振寰是熟悉的。我认为孙振寰的弟子们对他是熟悉的。

直到2017年我开始写这本口述史。在泉州路74号,孙庆先生召集他的师兄弟们围坐在一起,共同回忆孙振寰先生。都是七十岁左右、白发萧萧的老人了,刚开始的时候,还互相打趣几句,慢慢地便语带哽咽,满满的思念之情。孙振寰先生精湛的武艺、崇高的武德,对学生真挚的关爱,跃然而出。我也深受感染——然后渐渐感到棘手:表层熟透了,细节却大部分是夹生的,不好下笔!

我总结出撰写这本口述史的三个难点:

首先,孙振寰先生去世将近50年了,往事随烟,记忆不复清晰。尤其他在解放前的经历舛讹较多。

其次，弟子们的回忆互相影响，只保留了一个概念，孙振寰的形象在他们的讲述中脸谱化了。

最后，作为一个武林传奇，孙振寰先生的人生经历体现在一个又一个武打故事中，一不小心容易写成民间故事汇，削弱口述史的内涵。

然而，按照辩证的观点，本书也有三个有利条件：

一是作为一个知名武术家，在厦门和沧州都有不少回忆孙振寰的文章。这些文章既有相互印证之处也不乏相互矛盾的地方。资料越多，越容易去伪存真；矛盾越多，越能倒推出真相。

二是孙振寰的弟子大多都还健在，他们曾经与孙振寰长期生活在一起，虽然间隔久远，记忆趋同，然而，记忆就像海绵，适当地启发，再挤一挤，仍有可能会沉淀出一两滴真材实料。

三是武林故事虽然通俗，毕竟是孙振寰生涯中最值得叙述的一部分，善于运用也能为口述史增加一抹色彩。在"史"的框架内，适当地加以描写和铺陈，司马迁的《史记》中早有先例(《项羽本纪》中表现得尤为明显)。

动笔前，我根据孙庆先生提供的资料和大体的叙述，编写孙振寰先生的年谱，梳理出这本口述史大致的脉络，也归纳出其中重要却又模糊的时间节点，诸如：孙振寰拜师的时间、进镖局的时间、入伍的时间和来厦门的时间。还有两个存疑的事件：加入的是冯玉祥的西北军还是马良的军队？是否参加喜峰口战役？在后来的采访过程中，对这些问题重点探究。

读者一眼可以看出，这些问题都是孙振寰年轻时的经历，迄今近百年了。能否完全厘清呢？坦率地说，没办法准确做到。口述史不同于正史，口述史的主角不一定是具有深刻影响力的大人物，不会有太多确凿的史料对他的事迹进行印证，更多的是采用口述人（主角或者相关人员）的论述。而人的记忆力既受客观的脑细胞衰退的影响，又受主观意识自觉或不自觉的修饰，年代越久误差越大。在多个口述人的论述中出现偏差是常见的，无关宏旨的部分不妨保留各自论述，而关键的部分则需要整理人再进一步地挖掘，通过与有据可查的历史事件相关联，在符合逻辑的前提下，从中采用一个较为可靠的说法。

以上面的几个问题为例，孙振寰入镖局的时间，《沧州文史资料》说，当时沧州大旱，庄稼歉收，孙振寰只能外出谋生。查阅历史资料，沧州大旱是在1920年；同时《通背劈挂拳谱》里面记载左东君逝世于1920年，而盐山县通背劈挂门的说法，孙振寰赴天津时，左东君还给他出了路费。由此可以确认孙振寰1920年赴天津护镖。往前倒推，他拜师学艺时间有10年和12年两种版本，就是在1910年或1908年，1908年孙振寰年方10岁，每天跑20里山路去小左村学艺，可能性较小，因此，本书采用了1910年的孙振寰拜师左东君的说法。

同样，在孙振寰参加哪支军队问题上，口述材料中有西北军和马良军队两种版本。孙振寰先生传授的拳术中有马良的"中华新武术"，孙振寰与马良有交集是确定的。然而历史上马良1920年即下野，1938年才重新执掌军权，而孙振寰先生1920年才离开沧州，1934年已到厦门，由此确定孙振寰先生没有参加马良的军队，只是加入他的"技术队"。冯玉祥1926年率大军解西安之围，在当地招兵买马，与孙振寰离开镖局前往投军的时间大致吻合，而且口述资料中也有孙振寰应征比试的故事，以此判断孙振寰先生于1926年参加了冯玉祥的西北军。长城喜峰口战役结束于1933年，此后西北军被重新整编，而孙振寰离开军队也是在1933年，再加上孙庆先生的口述谈到了他父亲讲述的大刀队战斗的细节，则孙振寰先生参加了喜峰口战役也基本可以确信。

再谈谈本书在避免人物形象脸谱化方面所做的尝试。

口述史具有强烈的主观性。口述本人历史的时候自不待言，口述他人历史的时候，也往往站在主观的角度。而人又是社会的动物，群体中的个人会表现出明显的从众心理。武林中又奉行"尊师重道"的传统，这就导致口述中对孙振寰先生的众口一词的赞誉，而生活中的点滴细节被他们在记忆中自动过滤了。孙振寰先生当然配得上这些赞誉，然而对于口述史来说，太多的赞誉意味着人物形象的脸谱化、扁平化，意味着组织口述材料的时候缺少变化和深度，从而影响了人物的真实呈现。

　　本书中，精湛的武艺、崇高的武德，对学生真挚的关爱，这是众多口述人反复强调的，故而也是着墨最多的部分。对学生真挚的关爱这一部分，口述人自身的经历不同，感受迥异，因而还能有不同的细节呈现，不至于显得单薄。精湛的武艺、崇高的武德体现在孙振寰先生的二十多个实战经历中，如果每个事件口述人都用同样的角度来围绕这两个主题，则不免脸谱化了。泉州路74号集中座谈之后，我采取了个别访谈的方式，意图减少回忆的交叉影响。在谈到孙振寰先生不同时期经历的时候，引导口述人从不同的角度进行回忆，撷取其中的亮点。青年时期侧重反映从稚嫩到成熟的过程，表现他善良的天性；中年时期重点描写他从行侠仗义到为国为民的过程，展现他的气节；老年时期，则从他教学的过程体现他待人接物宽厚朴实的性格。这中间，也有意安排几条副线，比如孙振寰如何一步步融入厦门社会成为厦门人，如何逐渐将各种武学融会贯通等等。然而由于口述资料缺乏再加上本人水平有限，这一方面的尝试并没有成功。

　　此外，也注重让口述人回忆孙振寰生活中的细节，力图使孙振寰先生的形象丰满而有生活气息。比如李家才回忆孙振寰与庄碧荣掰手腕，郑高能回忆师娘给孙振寰刮胡子，陈超文回忆孙振寰呼唤他的那声"超文呦"，都有助于丰富人物的性格层次。可惜，由于间隔久远,这部分的回忆所剩不多。

在本书的格斗情节中,部分细节引用了原有的历史资料,但也注意真实性,摈弃夸张情节,过于夸张而又不好删除的则以直接摘录的方式聊备一格。同时节选了洪敦耕先生的著作,以充实其中的武学内涵,避免成为单纯的故事会。

最后,浅谈对口述史的一点看法。口述史固然是回忆熟悉的人和事,然而随着岁月的推移,记忆往往只保留概念性的印象和概括性的情节,而隐藏其中的细节和推导的层次。因此,口述史整理人的职责不仅是反映表层的真实,更要挖掘其中的细节、完善其中的逻辑层次,展现一个鲜活的人或事,避免千篇一律的高大化的叙述。最后呈现的作品如果能够让认识主角(或知道事件)的读者觉得既熟悉而又陌生,或许才算得上一部成功的口述史。

郑轰轰

2019 年 6 月